인플레이션 시대
월급쟁이 재테크

인플레이션 시대 월급쟁이 재테크

우용표 지음

센시오

'회색 코뿔소' 같은 인플레이션

생각해 보자. 눈앞에서 코뿔소가 나를 향해 달려온다면 기분이 어떨까? 대단히 위험한 상황에 처해 있음을 깨닫고 엄청난 공포심을 느낄 것이다. 그나마 잘 보이기라도 하면 괜찮지, 저게 코뿔소인지 아닌지 애매하다면 어떨까?

경제, 재테크 분야에서 많이 사용되는 '회색 코뿔소grey rhino'라는 말이 있다. 예상치 못한 난관에 부딪혔을 때 쓰는 '검은 백조black swan'라는 말과는 달리 충분히 예상할 수 있지만 쉽게 간과하는 위험요인을 뜻하는 단어다. 코뿔소가 회색이면 눈에 잘 보이지 않는다. 흰색이나 검은색 또는 빨간색이라면 잘 보이니 저 멀리 보이면 바로 도망갈 수 있을 텐데 회색은 그렇지 않다. 저게 코뿔소인지 아닌지 긴가민가하는 동안 어느새 코뿔소는 거친 숨을 몰아쉬며 내 앞에 와 있다.

인플레이션이 바로 이렇다. 2022년 봄, 미국에서 물가상승률이 심상찮다는 소식이 처음 들려오기 시작할 때 "설마, 뭐 위험하겠어? 미국이 알아서 잘 하겠지", "금리 살짝 올려서 물가 잡겠지"라는 의견이 많았다. 하지만 여름이 되면서 바로 코앞에 코뿔소가 보였다. 이때부터 모두들 허둥지둥하면서 인플레이션에 대비하기 시작했다. 지금은 경제 상황이 기존의 저금리에서 인플레이션과 고금리로 바뀌는 과도기다.

인플레이션 하면 떠오르는 장면이 있다. 아프리카와 중남미 어느 나라에서 1년에 몇만 %씩 물가가 올라서 손수레에 지폐를 싣고 다니는 모습이다. 얼마 전까지 인플레이션은 먼 나라의 일이었고, 교과서에서나 볼 수 있는 단어였다. 인플레이션이라는 단어조차 매우 낯설었다. 지금까지 이런 식으로 심하게 물가 상승이 지속되던 시기가 없었기 때문이다.

투자의 옷깃을 여미지 말라

우리나라는 20년, 미국은 40년 만에 맞이하는 인플레이션의 시대. 물가도 금리도 계속 상승 중이고, 이것이 우리가 마주한 현실이다. 그러다 보니 재테크에 관심을 가지고 시작해 보려 해도 어디서부터 시작해야 할지, 아니, 재테크를 하는 것 자체가 맞는지 걱정이 될 수밖에 없다. 주식시장은 계속 하락하고, 부동산은 폭락에 가까운 모습을 보이고 있다. 최근 투자 상품으로 각광받던 비트코인 등의 암호화폐 역시 어떤 거래소가 폐쇄되어 투자자들이 손해를 봤다는 소식이 들려온다. 어느 심리학책을 보니 사람은 힘든 상황을 경험할 때 기존에 겪었던 가장 힘든 상황과 비교한다고 한다. 기존에 500의 고통을 겪었다면 지금의 고통이 100인 경우 '그래도 그때보다는 덜 고통스럽다'고 위안을 삼는다는 뜻이다.

지금의 인플레이션 상황이 바로 재테크에 있어 '가장 힘든 순간'이다. 주식, 부동산, 코인 등 우리가 일반적으로 재테크라 부르는 모든 것에서 손해가 발생하고 있다. 직장인의 비상자금 통로인 마이너스 통장 이자율이 8%인 세상이다. 부동산 담보대출을 받았다면 기존에 비해 두 배의 이자를 부담해야 한다. 월급은 그대로인데 나가야 할 돈이 많아진다. 가만히 있어도 지갑이 알아서(?) 얇아지고 있는 시대, 재테크를 해야 할 것 같은데 섣불리 잘못 뛰어들면 갖고 있는 것조차 모두 다 잃어버릴 것 같은 시대. 이러지도 저러지도 못하는 답답한 상황이 이어지고 있다.

그렇다고 투자의 옷깃을 여며서는 안 된다. 위기는 기회라고 했던가. 비단 그렇지 않다고 해도 실질 소득은 줄어드는 상황에서 소득이 줄어드니 투자도 줄이자 혹은 투자는 잠시 멈추자 해서는 더 큰 마이너스만 떠안을 뿐이다. 조금이라도 투자를 이어가야 줄어든 만큼의 소득을 상쇄할 수 있다. 눈앞의 위험을 피하고자 더 큰 위험을 맞닥뜨려서는 안 된다.

그럼에도 투자는 계속되어야 한다

인플레이션 시대, 지갑 얇은 직장인들은 어떻게 투자하면 좋을까? 이제 막 직장생활을 시작한 사람도, 기본적인 투자를 하고 있는 사람도, 일정 정도 저축이 있는 사람도 모두 고민일 것이다. 이 책이 그 고민 해결에 조금이나마 도움이 되었으면 한다.

이 책은 투자 초보자들을 위해 기본적인 내용을 짚는 동시에 투자 경험이 있는 독자들까지 공감하면서 읽을 수 있도록 구성했다. 그렇다고 해서 '앞으로 주식이든 부동산이든 무조건 오르니까 투자하세요'라고 강요하는 주장은 하지 않는다. 오늘 안 하면 내일 후회한다는 식의 선동이 되지 않도록 조심했다. 투자는 항상 손실의 가능성이 있기에 장점과 단점까지 함께 짚어야 한다. 확실한 것은 '대박'은 없다는 것이다. 마치 세상에 공짜가 없듯이 말이다.

이 책은 크게 인플레이션이 무엇인지 설명하고(1장), 인플레이션 시대를 버텨내기 위한 체질 개선을 위한 점검 포인트를 설명한 후(2장), 어떤 식으로 투자하면 좋을지(3~7장)로 구성했다. 1장에서는 인플레이션이 어떤 배경에서 발생하는지, 앞으로 경제에 어떤 영향을 미칠지 기본적인 개념을 잡았고, 2장에서는 인플레이션 시대를 버텨내기 위한 체질 개선이 가능하도록 점검해 볼 포인트를 정리했다. 마른 수건도 쥐어짜겠다는 마음의 준비가 필요하다.

1장과 2장에서 거시적인 틀에서 현 상태를 어떻게 인식하고 어떤 준비를 할 것인지 살펴본다면, 3장부터는 소득을 올릴 수 있는 실질적인 활용 방법을 알려준다. 3장에서는 소득을 어떻게 다변화해 추가 소득을 올릴 수 있을지 몇 개의 방안을 준비했다. 이 장을 읽으면서 직장에서 주는 소득만 받기에는 내가 가진 잠재력이 아깝다는 생각이 들었으면 한다. 4장에서는 주식과 ETF를 정리했다. 인플레이션 상황을 이겨낼 수 있는 주식과 ETF를 선별했으니 도움이 될 것이다. 5장에서는 부동산을 다루었다. 주택의 가격 결정 원리를 바탕으로 앞으로 주택을 어떻게 하는 것이 좋을지 힌트를 얻을 수 있다. 6장에서는 보험을 다룬다. 가지고 있는 내 보험을 어떻게 관리해야 하는지 도움을 받을 수 있을 것이다. 7장에서는 원자재 투자에 대해 설명한다. 금, 달러, 국제유가에 투자해 보고 싶다면 많은 도움이 될 것이다.

모두가 행복한 투자의 결실을 맺을 수 있도록

무술영화를 보면 어느 날 스승님이 제자에게 말한다.

"이제 더 가르칠 것이 없다. 하산하도록 해라."

그 길로 제자는 하산, 뛰어난 무술 실력을 발휘해 부모님의 원수를 갚고, 사랑도 쟁취한다.

나도 제자에게 하산을 명하는 스승님의 마음으로 이 책을 썼다. 이 책을 읽은 독자 모두가 인플레이션 상황에 현명하게 대처하여 넓은 세상으로 나가 하고 싶은 일을 마음껏 해봤으면 좋겠다. 인플레이션이라는 길고 어두운 터널을 잘 통과한 뒤 해피엔딩의 결말을 맞는다면 저자로서 더 이상 바랄 것이 없다.

2023년에 우용표

2장

나의 재무 시스템을 체크하라

3장

월급을 채굴하자

1장

인플레이션,
오히려 기회다

인플레이션이라는 기회에
올라타자

    대부분의 사람들에게 인플레이션은 '경제학 교과서'에서나 보는 단어였다. 적어도 얼마 전까지는 그랬다. 오히려 물가가 낮아져서 문제라는 기사는 간간이 접하기도 했다. 2020년 6월 2일자 〈연합뉴스〉 기사의 헤드라인과 소비자물가 증감률 추이를 다룬 그래프를 보자.

5월 소비자물가 0.3% 하락…
8개월 만에 마이너스 물가(종합)

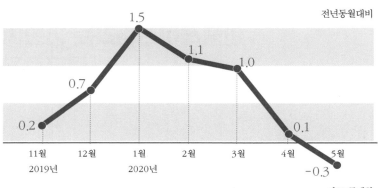

소비자물가 증감률 추이

전년동월대비

1.5

1.1

1.0

0.7

0.2

0.1

-0.3

11월　　　12월　　　1월　　　2월　　　3월　　　4월　　　5월
2019년　　　　　　2020년

자료: 통계청

　　소비자물가 하락이 경기 침체로 이어질 것인가 하는 고민이 담겨 있는 기사다. 이렇게 '물가는 당연히 안 오르는 것이고, 휘발유 가격은 리터당 1,200원'에 익숙했던 우리였다. 2020년 5월에는 소비자물가가 하락한다고 걱정했는데, 불과 2년이 지난 2022년부터 물가, 금리가 오르기 시작했고, 이제는 물가가 너무 오른다고 걱정이다. 예고 없이 찾아온 인플레이션에 당황할 수밖에 없다.

　　자고 일어나면 물가가 올랐다는 소식이 계속되고, 은행에서 대출금리를 올린 탓에 이자 부담이 더 커졌다는 이야기가 들려온다. 이 와중에 주식이나 부동산 가격 역시 하락해서 대출받아 투자한 사람들은 더 큰 부담과 고통을 안게 되었다. 앞이 막막한 상황이다. 이 책을 읽는 독자들 역시 '지금 상황에서 어떤 선택이 최선일까?'

에 대한 답을 얻고 싶을 것이다. 자, 그럼 지금부터 함께 답을 찾아
보도록 하자.

'판도라의 상자' 같은 인플레이션

그리스로마 신화를 보면 '판도라의 상자' 이야기가 나온다. 간략
하게 요약하자면, 호기심 많은 판도라가 절대 열지 말아야 할 상자
를 열어 그 안의 온갖 나쁜 것들이 세상 밖으로 뛰쳐나왔고, 결국 상
자 안엔 희망만이 남았다는 이야기다.

2022년 5월부터 본격적으로 시작된 인플레이션은 판도라의 상
자와 같다. 온갖 나쁜 것들이 뛰쳐나온다. 물가 상승으로 나의 실질
적인 월급은 줄어든 것이나 마찬가지가 되고, 인플레이션 잡겠다고
기준금리를 올리면 이에 따른 불안감으로 주식과 부동산은 가격이
하락한다. 특히 대출을 받았다면 대출 부담이 늘어난다. 대출을 많
이 받은 일명 영끌('영혼까지 끌어모으다'를 줄인 신조어)의 경우, 집
값은 하락하고 대출 부담은 늘어나는 이중고를 겪을 수밖에 없다.
판도라 신화에서는 상자 안에 '희망'이 남았지만, 현실은 이와 달리
'희망'을 가지기 힘들다. 유일한 희망이라면 인플레이션은 영원하지
않다는 점이다. 긴 터널을 지나면 다시 금리는 떨어지고, 주식과 부
동산은 오른다.

그럼 이쯤에서 인플레이션의 발생 원인과 앞으로의 전개 양상을 살펴보자. 인플레이션은 왜 발생하고 어떤 성질을 가지고 있는지 꼼꼼하게 점검해 둔다면 지금뿐 아니라 이다음에 또다시 인플레이션이 발생했을 때 충분한 대비책을 마련해 둘 수 있을 것이다. 물론 다음 인플레이션 시기에도 희망을 가질 수 있다.

인플레이션은 기회다

주식과 부동산시장의 흐름을 보면, 당시엔 공포심으로 인해 아무것도 할 수 없었지만 되돌아봤을 때 '그때 투자했어야 한다'는 시기가 있다. 누구는 그 시기를 잘 이용했고, 누구는 그 시기를 잘 이용하지 못했다. 돌아보면 '대박'이라고 이름 붙일 수 있는 좋은 투자 기회가 가끔씩 찾아왔던 것이다. 단지 그때 우리가 몰랐을 따름이다. 주식시장이 완전히 폭락하고 투자자들의 공포가 최고조에 달했던 그때가 지금 돌아보니 최고의 투자 기회였다. 그럼 여기서 이미 잘 알려진 그 세 번의 기회를 잠시 되돌아보자.

첫 번째 기회는 1997년 말 IMF 때였다. 우리나라의 시스템 자체를 바꿔놓았던 경제위기이자 기존의 '상식'이 무너진 위기이기도 했다. 절대 망하지 않을 것 같은 대기업도 망한다는 것, 한번 취직하면 정년까지 보장해 주는 종신고용이라는 아름다운 고용 형태는 이제 없다는 것, 취직하면 당연히 4대보험이 되는 줄 알았는데 그렇지 않은 비정규직이라는 취업 형태가 있다는 것 등의 새로운 인식이 확산된 시기이기도 하다.

재테크 측면에서 보면, 종합주가지수가 1998년 6월 16일에 280포인트를 기록했다. 참고로 1994년 11월 8일에는 1138포인트였으니 국가경제가 반의반으로 토막 난 시기라고도 할 수 있다. 만일 이때 주식시장에 들어갔다면 2022년 11월 14일 코스피지수가 2483이니 280이었던 최악의 시기 때 지수와 비교해 보면 단순 계산으로도 대략 8배, 9배의 수익을 기록했을 것이다. 물론 그때 주식시장에 들어간다는 것은 자살행위였다. 대기업들도 언제 부도날지 모르는 상황이었으니까. 투자가 문제가 아니라 생존 자체가 문제였던 시기였다. 주식도 그랬고 부동산도 그랬다. 되돌아보자. 그때 투자를 했다면 결과가 어땠을까?

두 번째 기회는 2007년 말 금융위기 때다. IMF로부터 10년 후, 이번에는 미국발 금융위기가 닥친다. 전 세계 경제의 대장격인 미국이 흔들리자 이 여파는 전 세계로 퍼져나갔고, 우리나라 역시 예외는 아니었다. 2007년 10월 말 2064포인트였던 우리나라 코스피지수가 금융위기 여파가 본격화된 2008년 10월 24일에는 938포인트를 기록함으로써 주가 수준이 말 그대로 반 토막이 났다. "미국이 힘든 상황이니 전 세계 경제가 다 망할 것이다." "IMF 때는 강대국들이 건재했는데, 이번 위기는 강대국들까지 어려우니 경제 회복은 불가능하다." 이런 부정적 전망이 대다수를 차지했다. 이 시기에도 투자는 자살행위였다. 이 시기 역시 투자가 아닌 생존이 문제였다. 다시 되돌아보자. 그때 투자를 하는 것은 정말 바보 같은 짓이었을까?

세 번째 기회는 2020년 초에 일어난 코로나 팬데믹 때다. 경제요인이 아닌 전염병이 전 세계 경제를 강타했다. 여전히 진행형인 코로나19는 2020년 3월 20일 코스피지수를 1566포인트로 끌어내리기도 했다. 2020년의 시작인 1월 3일 코스피 종가 2176포인트를 감안하면 코로나19라는 충격으로 연초 대비 3개월 만에 주가지수가 30% 가까이 하락한 것이다. 그런데 이때 과감하게 투자를 시작한 투자자들이 많다. 이전에 두 번의 경험, 즉 IMF와 미국발 금융위기 등 국가경제의 큰 위기가 오히려 기회로 작용한다는 것을 알고 있었기 때문이다.

아마 10년쯤 지난 2030년에 재테크 관련해서 이야기를 시작한다면 '2022년에 시작됐던 인플레이션이 네 번째 기회였다'라는 분석이 많이 나올 것이다. 인플레이션으로 인해 금리가 상승하고 이에 따라 주식과 부동산시장이 침체되는 패턴의 반복이기 때문이다.

인플레이션이라는 새로운 기회가 도착했다. 이 기회를 잡을 것인가의 선택은 독자의 몫이다. 내가 할 수 있는 말은 '기회'라는 열차가 그리 오래 기다려줄 것 같지는 않다는 점이다.

그리스로마 신화에 따르면 기회의 여신인 오카시오Occasio는 특이한 외모를 가지고 있다. 앞머리는 풍성한데 뒷머리는 없고, 발에는 날개가 달려 있다. 그런 외모를 가지고 있는 이유가 따로 있다. 풍성한 앞머리는 사람들이 자신을 보았을 때 쉽게 잡을 수 있도록 하기 위함이고, 뒷머리가 없는 이유는 한 번 지나갔을 때 다시는 붙잡지 못하도록 하기 위함이며, 발에 날개가 달린 이유는 최대한 빨리 사라지기 위해서라고 한다. 이미 지나간 세 번의 기회와 현재 진행 중인 지금의 기회가 어쩌면 오카시오의 모습을 하고 있는지도 모른다.

경제위기의 골이 깊을수록 이후 얻게 되는 수익은 더 높다. 다시 말하면, 지금이 기회다. 남들에게는 위기일 수 있고 나에게도 그렇다. 그럼에도 지금은 나중에 되돌아봤을 때 네 번째 기회로 기억될 것이다.

그래서
인플레이션이 뭔데?

인플레이션, 의미는 간단하다. 물가의 급격한 상승. 그럼에도 대부분의 사람들에게 인플레이션은 생소한 용어다. 지난 10년간 물가는 안정적이었고 은행 금리는 낮았기 때문이다. 추석이나 설날 때마다 장바구니 물가가 올랐다며 마트에서 장을 보는 일반인의 인터뷰 뉴스만 제외하면, 물가가 올랐다는 걸 체감하기는 어려웠다. 하지만 지금 미국의 경우, 41년 만에 인플레이션이 찾아왔다. 40년이면 한 세대를 지나는 긴 시간이다. 2022년 7월 13일자 〈한국경제〉에 실린 기사의 헤드라인이다.

美 소비자물가, 41년 만에 최대폭 상승…
"인플레 아직 정점 아니다"

예전에 '인플레이션이 심했다'는 말은 할아버지, 할머니가 들려주는 옛날이야기 정도로만 치부되었다. 그 옛날이야기가 다시 시작된 셈이다. 우리나라 역시 상황은 비슷하다.

1975년~2021년 소비자물가지수 추이

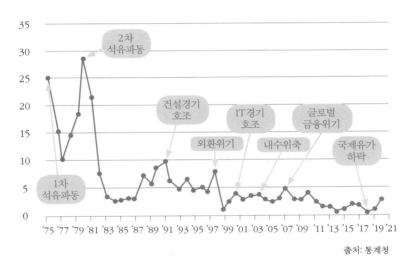

출처: 통계청

1975년에서 2021년 말까지의 전년동월비 소비자물가지수의 흐름을 보면 2007년 글로벌 금융위기 때 5%의 상승률을 보였던 시기를 제외하면 1999년 이후 소비자 물가 상승은 5%를 넘지 않는 선에서 꾸준한 모습을 보였다. 대략 20년 조금 넘는 기간 동안 '물가'의 측면에서는 안정적이었다는 뜻이기도 하다.

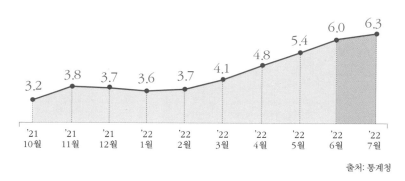

소비자물가 추이

	'21 10월	'21 11월	'21 12월	'22 1월	'22 2월	'22 3월	'22 4월	'22 5월	'22 6월	'22 7월
	3.2	3.8	3.7	3.6	3.7	4.1	4.8	5.4	6.0	6.3

출처: 통계청

최근의 흐름을 보면 2022년 5월 소비자 물가는 전년동월대비 5.4%의 상승률을 보임으로써 기존의 상한선이라 인식되었던 5%를 넘었다. 이후에도 물가는 6% 넘는 수치를 보임으로써 인플레이션이 한두 달 안에 끝나는 것이 아닌 추세로 굳어지게 되었음을 보였다.

되돌아보면 상황이 너무나도 급격하게 변했다. 불과 1년 전인 2021년 말, 코스피지수는 3000포인트였고 부동산 가격은 너무 올라, 정부는 집값을 잡지 못해 죄송하다고 연일 고개를 숙여야 했다.

적어도 2022년 봄까지 그랬다. 주식시장과 부동산시장은 계속해서 상승을 이어갈 것으로 보였고, 재테크는 '더 많은 수익을 얻을 수 있는 방법'을 찾는 과정이었다. 투자에 있어 모든 것은 당연히 '우상향'하는 것이라 여겨졌고, '부동산은 오늘이 제일 싸게 사는 것이다.' '집 없으면 죄인이다.' 같은 말이 사실로 받아들여지기도 했다.

그러다 갑자기 모든 것이 혼돈스러워졌다. 2023년 1월 17일 현재 코스피지수는 2383포인트로 직전 년도 마지막의 3000포인트 비해 617포인트(비율로는 20%) 정도 하락했고, 부동산은 매매가격 하락과 '깡통전세'로 인해 불안한 가정이 많아졌다. 새로운 재테크 수단으로 관심을 모았던 암호화폐 역시 비트코인 가격은 1개당 2,200만 원으로 2021년 11월에 7,200만 원을 넘던 때와 가격 대비 3분의 1 넘게 하락했다. 2022년 11월에는 암호화폐 거래소인 FTX가 파산하면서 암호화폐에 대한 거래의 안정성과 신뢰도가 더욱 낮아질 것으로 관측되기도 했다. 2022년 11월 13일자 〈한겨레〉 신문 기사의 일부를 보자.

FTX 파산 "코인판 리먼 사태"…
개인 투자자 한 푼도 못 건질 수도

암호화폐(가상자산) 거래소 FTX의 파산 신청이 다른 코인업체들의 연쇄적인 유동성 위기로 번질 경우 '코인판 리먼 사태'가 터질 수 있다는 우려가 나온다. FTX에 돈을 맡긴 개인 투자자들은 한 푼도 건지지 못할 것이라는 관측마저 제기된다. (중략) 코인 거래를 위해 FTX에 예치금을 넣어둔 개인 투자자들은 돈을 몽땅 날릴 수 있다는 우려가 나온다. 암호화폐는 파산법에 따라 보호되지 않아 구제금융 지원이 이뤄지지 않을 것으로 보이기 때문이다. 투자은행 오펜하이머는 FTX 소매 고객이 무담보 채권자로 분류될 경우 우선순위에서 밀려 돈을 잃게 될 것이라고 분석했다. AP통신은 "FTX 사태는 최근 수년간 발생한 가장 복잡한 파산 사건 중 하나가 될 것"이라며 채권자 범위를 가려내는 데만 몇 달이 걸릴 것이라고 내다봤다. (후략)

인플레이션은 왜 일어날까?

그럼 대체 인플레이션은 왜 일어나는 걸까? 경제학적으로 풀어보자면, 인플레이션은 수요와 공급 이렇게 두 가지 원인에 의해 발생한다. 조금 더 세부적으로 나누어보자면, '수요 원인 인플레이션'과 '공급 원인 인플레이션'으로 구분된다.

우선 '수요 원인 인플레이션'은 일종의 '착한 인플레이션'이다. 사람들의 소득 수준이 높아지고 돈이 많아지면서 물가 역시 그에 맞춰 움직이는 것이기 때문이다. 착한 것이 있으면 당연히 나쁜 것이 있을 텐데, 바로 '공급 원인 인플레이션'이 그러하다. 사람들의 소득이 늘어나서 균형이 맞춰지는 것이 아니라 기업들의 재료비가 올라 물건 가격이 올라가는 것이기 때문이다. 음식값을 예로 들어 보자. 점심 한 끼에 1만 원은 우습게 넘어가는 세상이다. 우리의 주머니가 두둑해져서 점심값으로 1만 원쯤은 우습게 볼 수 있을 정도가 된 것이 아니다. 인건비가 오르고 재료비도 올랐기 때문에 식당들도 어쩔 수 없이 점심 한 그릇을 1만 원 넘게 받고 있는 것이다.

2022년에 시작된 인플레이션은 그 성질이 고약할 수밖에 없다. 공급 원인 인플레이션이기 때문이다. 특히 원자재 가격과 식품 가격의 상승, 국제 무역 분쟁의 증가에 따른 가격 상승은 단기간에 어느 한 나라가 깃발 높이 들고 '제가 해결하겠습니다'라고 하기 힘든 상황이다. 몇 달 후에 끝날 일이 아니라는 뜻이다. KDI경제정보센터(eiec.kdi.re.kr)의 설명을 보자

총수요는 변함이 없는 상태에서 원자재 가격 등의 비용 상승이 발생하면 기업들의 생산이 위축되면서 총공급이 감소한다. 총공급이 감소하고 물가가 올라가는 것이다. 예컨대 국제 원유가격이 상승했다고 가정해 보자. 원유는 각종 석유 에너지 및 다양한 석유화학 제품의 원료로서 많은 기업들이 사용하고 있다. 따라서 유가가 상승하면 대다수 기업들은 생산비용이 상승된 만큼 제품 가격을 인상시켜 이를 보전하고자 한다. 가격의 인상은 수요를 줄이고 다시

생산의 감소를 유발한다. 이처럼 생산비의 상승으로부터 촉발된 인플레이션을 '비용 인상 인플레이션'이라 한다.

설명을 조금 쉽게 풀어보면 이렇다. '공급 원인 인플레이션'은 '비용 상승 인플레이션cost push inflation'이라고도 하는데, 원재료 가격의 상승으로 인해 기업들이 어쩔 수 없이 판매가격을 올리기 때문에 발생한다. 즉 사람들의 주머니 사정에 넉넉해져서 더 비싼 값에도 물건을 살 수 있는 인플레이션이 착한 인플레이션이라면, 이렇게 주머니 사정과 관계없이 재료값이 올라서 어쩔 수 없이 발생하는 공급 원인 인플레이션은 나쁜 인플레이션이라 할 수 있다. 식당의 라면 한 그릇을 예로 들어보자. 면을 만들려면 밀이 필요하고, 물을 끓이려면 석유에서 나온 가스가 필요하다. 밀과 석유값이 오르면 어쩔 수 없이 라면값도 올려야 한다. 라면을 사 먹는 고객들의 주머니 사정을 감안하면 라면값을 올리지 않는 것이 최선의 상황이겠지만 말이다. 고객들 입장에선 비싸진 라면값이 부담스러워지면 소비를 줄이게 되고 식당은 손님이 적어져서 폐업하게 된다. 비용 상승 인플레이션은 누구에게도 이익이 되지 않는다. 정부 입장에서도 이러한 점을 알기에 최대한 비용 원인 인플레이션을 억제하기 위해 애쓰지만, 밀이나 석유 가격이 한두 국가가 노력한다고 쉽게 해결되는 것은 아니기에 고민이 깊을 수밖에 없다.

인플레이션의 원인을 자세히 설명하려면 책 한 권으로도 부족하다. 미국과 중국의 무역 분쟁, 세계 원유 가격의 움직임을 중심으로 전 세계 농업 국가들의 현실까지 다루어야 하기 때문이다. 길게 이어지는 설명은 생략하겠다. 다만 핵심 결론은 이렇다. 재료 가격의 상승이 인플레이션, 즉 물가 상승으로 이어졌다는 것이다.

정부는 인플레이션에 대한 대책을 마련할 때 착하냐 나쁘냐를 구분하지 않는다. "물가가 상승했어? 그럼 기준금리 올리자." 이런 패턴이기 때문이다. 즉 우리나라뿐 아니라 전 세계 모든 국가는 물가 상승세가 급격하다고 판단되면 기준금리를 올리려 한다. 은행 이자가 올라서 돈이 적게 돌면 그만큼 물가가 하락할 것으로 예측하기 때문이다. "몸에 열 나? 그럼 해열제 먹어." 이런 식이다.

한미 기준금리 추이

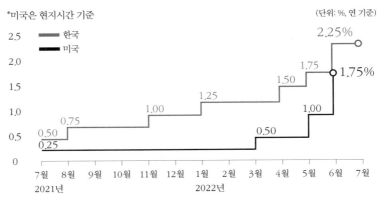

자료: 미국연방준비제도(Fed), 한국은행

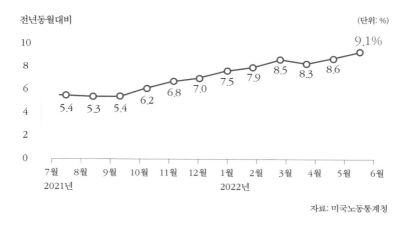

미국 소비자물가지수

전년동월대비 (단위: %)

9.1%

5.4 5.3 5.4 6.2 6.8 7.0 7.5 7.9 8.5 8.3 8.6

7월   8월   9월   10월   11월   12월   1월   2월   3월   4월   5월   6월
2021년   2022년

자료: 미국노동통계청

　　미국의 상황을 보자. 위 그래프는 한국와 미국의 기준금리 추이를, 아래 그래프는 미국 소비자물가지수 추이를 나타내고 있다. 물가 상승을 보면 2021년 7월 이후 계속 5% 이상 상승하고 있는 모습이다. 미국은 이러한 상승을 가만히 보고 있다가 2022년부터 물가 상승이 8%까지 상승하는 모습을 보이자 칼을 빼들었다. 2022년 2월까지는 기준금리를 0.25%로 거의 제로에 가깝게 유지하다가 이후에는 지속적으로 기준금리를 올리고 있다. 참고로 2022년 9월 말 기준 미국의 기준금리는 3.25%인데, 미국은 앞으로 매번 미국연방공개시장위원회(FOMC)를 열 때마다 금리를 올리겠다는 입장이다.

미국은 "물가 안정을 이룰 때까지 기준금리를 계속 올리겠다"는 입장이다. 여기서 물가 안정은 연간 2%를 의미한다. 즉 앞서 보았던 소비자물가지수가 8%, 9%가 아닌 2%가 될 때까지는 미국의 기준금리가 계속 상승한다는 것을 염두에 두어야 한다. 미국은 다른 나라들이 금리 인상으로 불황을 겪으리라는 걸 모르지 않지만, 우선 자신의 발등에 떨어진 불부터 꺼야 하는 입장이다.

인플레이션 시대에는 달라져야 한다

경제학 교과서에서는 인플레이션이 재테크를 하는 데 좋은 기회라 설명한다. 물가 상승은 곧 화폐가치가 떨어지는 것이니 주식, 특히 부동산은 떨어진 화폐가치만큼 가격이 올라가기 때문이다. 예를 들어보자. 1달러에 1,100원인 상황이라면 1,000달러짜리 아이폰을 살 때 우리나라 돈으로는 110만 원이다. 우리나라 돈의 화폐가치가 30%쯤 떨어져서 1달러에 1,400원이 된다면 우리나라 돈으로는 140만 원을 내야 한다. 달러로 표시되는 휴대전화의 가격은 같지만 환율의 움직임이 원화 가격의 변화 요인이 된다. 또 다른 예를 들어보자. 서울의 A아파트가 10억 원이라고 했을 때, 인플레이션으로 1년간 화폐가치가 20% 하락한다면, 그 아파트는 1년 후 12억 원이 된다. 아파트의 가치가 올라가서가 아니라 화폐가치가 떨어져서 그렇다. 화폐가치가 떨어진다는 것은 같은 물건에 대해 내야 할 돈이 더 많아진다는 것을 의미한다.

교과서대로라면 물가 상승의 상황에서 주식과 부동산은 가치의 증감과 관련 없이 표시되는 가격 자체는 올라야 정상이다. 돈의 가치, 즉 화폐가치가 떨어져서 같은 물건에 대해 지불해야 하는 금액이 더 많아지기 때문이다. 그럼에도 현실 세계의 물가 상승은 주식과 부동산 가격을 하락시킨다. '금리 인상' 때문이다.

인플레이션 자체는 가격을 올리는 요인이 되지만, 이 인플레이션의 대책인 '금리 인상'은 반대로 가격을 내리는 요인으로 작용한다. 엄밀히 따지면 인플레이션 때문에 주식이나 부동산의 가격이 하락하는 것이 아니라는 뜻이다. 인플레이션의 대책인 금리 인상 때문에 자산 가격이 하락한다는 것이 조금 더 정확한 접근이다. 금리가 오른다는 것은 돈을 빌리기 힘들어지고 부담이 늘어나는 것이니 사고 싶은 물건, 좋은 투자처가 있어도 매입을 할 수 없게 된다는 뜻이다. 주식이나 부동산도 금리 인상으로 가격이 내려가게 된다.

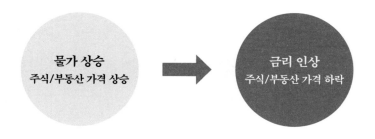

앞으로 물가는 계속 상승하고 금리 역시 이에 따라 계속 오를 것으로 예상된다. 물가 상승으로 인해 주식/부동산 가격이 상승하는 폭은 미미하고, 금리 인상으로 주식/부동산 가격의 하락폭은 거대할 것이다. 듣기 좋은 말은 하지 않겠다. 앞으로 재테크에 있어 매우 힘든 상황이 계속될 것이다. 기존의 재테크 방법, 즉 낮은 금리를 활용했던 재테크 방법과는 다른 접근 방법이 필요하다.

마인드 세팅을
다시 하라

우주공학 분야에 '탈출속도'라는 개념이 있다. 로켓이나 인공위성이 지구를 탈출하기 위해 얼마나 빠른 속도로 날아가야 하는지를 계산하는 방법이다(문과 전공생인 나에게 이 속도를 어떻게 구하는지, 계산식은 어떻게 구하는지 물어보는 일은 없으리라 믿는다). 과학자들에 의하면, 대략 초속 11Km 정도가 되면 지구를 벗어날 수 있다고 한다. 지구가 우리를 '중력'으로 잡아당기는 에너지가 있는데, 탈출속도는 이러한 중력에너지를 극복하는 속도인 것이다.

뜬금없이 무슨 로켓 이야기냐 싶을 것이다. 그럼 단어를 살짝 바꿔보자. 우리를 잡아당기는 중력을 '소비'라 하고 로켓을 '투자'라

해보자. 복권 1등에 당첨되고 싶다면 복권을 사야 하듯, 투자를 통해 성과를 보려면 '투자'를 해야 한다. 즉 현재보다 더욱 업그레이드되고 싶다면 로켓이 일정한 속도로 날아가야 하듯, 내 월급도 일정한 부분이 사용되어야 한다는 뜻이다.

내가 세미나나 상담을 통해 투자 계획을 물어보면 대부분의 사람들이 쑥스러워하며 이렇게 말한다. "이번 달은 마이너스라서…." "아직 할부 갚을 게 많아서…." 지금 당장 투자를 시작할 수 없는 이유를 많이 댄다. 물론 이에 대해 나는 좋다거나 나쁘다는 식의 가치 판단은 하지 않는다. 다들 각자의 사정이 있을 테니까 말이다.

하지만 마인드 세팅과 재테크 계획의 가장 첫 번째 단계는 소득에 비해 소비가 많아지지 않도록 하는 것이다. 이번 달 카드값과 생활비를 다 낸 다음에도 돈이 남아야 투자를 할 수 있다. 소비 규모가 월급 수준을 넘지 않도록 하는 것이 투자의 첫걸음이다. 남는 월급의 크기가 바로 당신을 '가난'으로부터 탈출시켜 주는 연료가 되고 속도가 된다.

초식 마인드 vs. 육식 마인드

예전에는 월급 받아 꼬박꼬박 저축하면 집도 사고 차도 살 수 있었다. 우리 부모님 세대는 사글세(월세)를 살아도 조금씩 재산 불리는 재미와 희망이 있었기에 어려운 시기를 버텨낼 수 있었다. 하지만 지금은 어떤가? 월급 받아 꼬박꼬박 은행에 저축하면 전셋값도 제대로 준비하기 어렵다.

월급을 받아서, 혹은 장사해서 번 돈을 성실하게 은행에 잘 넣어둔 채 희망을 키우는 것을 '초식 재테크'라 할 수 있다. 지금도 많은 사람들이 하고 있는 방법이다. 초원의 초식동물들이 풀밭에 옹기종기 모여 평화롭게 풀을 뜯어먹듯, 고만고만한 사람들이 은행에 모여 원금 손실 걱정 없는 예금과 적금에 자신의 소중한 돈을 맡긴다. 은행 입구엔 항상 큼지막한 글씨로 연 몇 %의 예금이자와 적금이자를 제공한다는 현수막이 걸려 있다. 은행에 모여서 착하게, 초식하며 지내는 생활이다. 남들이 주식으로 돈을 벌었다고 하면 시기와 질투를, 남들이 돈을 잃었다고 하면 안도하는 생활을 반복한다.

평화롭게 풀 뜯어가며 언제 맹수에게 잡아먹힐지 모르는 불안한 초식 재테크를 하느냐, 아니면 조금 고생스럽더라도 사냥감이 나타나기를 기다리다가 전력으로 달려가서 사냥하여 고기를 먹는 '육식 재테크'를 하느냐. 마인드의 차이는 결과의 차이로 나타날 것이다. 평화롭기는 해도 큰 성과 없는 초식동물보다는 고생스럽고 힘들어도 고기를 사냥하는 육식동물의 마인드를 가져보는 건 어떨까? 그럼 무엇이 초식 마인드인지 알아야 한다.

'빚은 없어야 좋은 거야'라는 생각이 초식 마인드다. 물론 빚을 좋아하는 사람은 없다. 잘 갚으면 몰라도 혹시 갚지 못하면, 그 심리적인 괴로움과 경제적인 어려움이 엄청난 무게로 다가오기 때문이다. 초식 마인드는 '못 갚으면 안 되니까 아예 빚을 지지 말자'라고 생각한다. 빚이 없으면 마음은 편할 수 있다. 하지만 문제는 자산도 불어나지 않는다는 것이다. 자기자본은 언제나 한정되어 있다. 특히 부동산 투자에 있어 자기자본은 미미한 수준일 수밖에 없는데, 미미한 수준에서 재테크를 한다 해도 수익은 미미할 수밖에 없다. 같은 5%의 수익률이라 했을 때 100만 원의 5%는 5만 원이고 1억 원의 5%는 500만 원이다. 빚 없이 100만 원을 투자해서 10%라는 높은 수익률을 얻는다 해도 10만 원에 그칠 뿐이다.

반면 육식 마인드는 빚은 독과 같다고 생각한다. 질병을 치료하는 약이 독을 기본으로 해서 만들어진다는 걸 떠올려보자. 빚은 나에게 해를 끼칠 수 있는 위험한 돈이지만 동시에 나의 자산을 불려줄 수 있는 약으로 작용할 수도 있다. 매월 받는 월급이 빚을 약으로 만들어주는 좋은 레시피라고 할 수 있다. 소금은 우리 몸에 꼭 필요하지만 너무 많이 먹으면 해롭다. 빚도 비슷하다. 재테크를 위해 적당한 선에서 빚을 활용하면 도움이 되지만, 일정 선을 넘을 정도로 빚을 얻으면 몸과 마음과 지갑이 망가질 수밖에 없다.

유명 부동산 유튜버들은 '빚도 자산이다.' 또는 '레버리지만큼 버는 거다'라는 식으로 무조건 빚지고 집을 사야 한다고 주장하기도 하는데, 이 말은 상승기 때는 진리일 수 있지만 하락기 때는 위험한 발상일 수도 있다. 항상 그렇듯, 다른 사람의 주장과 의견은 내 생각을 정리할 때 참고만 하는 게 좋다. 물론 내가 이 책을 통해 펼치는 수많은 조언과 방법 역시 참고만 해야 한다.

꼬박꼬박 월급 받는 게 최고라는 생각도 초식 마인드다. 한 번도 밀리지 않고 월급 잘 받는 게 좋다는 건 누구나 알고 있다. 사업이나 자영업을 하다가 망한 사람들의 이야기를 들어보면 월급 받고 사는 게 가장 안전해 보인다. 월급을 제때 받는다는 것은 결국 소득이 끊길 걱정 없이 꾸준히 오랫동안 직장에 근무할 수 있다는 뜻인데, 이런 직장을 싫어할 사람은 없다. 하지만 월급에 대해 어떻게 접근하느냐에 따라 초식 마인드와 육식 마인드로 나뉜다.

우선 초식 마인드는 월급을 꾸준히 잘 받을 수 있으니 재테크는 안 해도 된다고 생각한다. 반면에 육식 마인드는 월급을 꾸준히 잘 받을 수 있으니 대출을 많이 받아도 감당할 수 있다고 생각한다. 월급에 대해 누구는 안정적인 생활을 기대하고, 누구는 안정적인 투자를 기대하는 것이다. 투자하는 데 어떤 마인드를 가져야 할지는 굳이 설명하지 않아도 될 것이다.

돈이 없어서 투자를 못한다는 생각 또한 초식 마인드다. 이들은 돈이 많아야 투자할 수 있다고 생각한다. 어느 정도 생활이 안정되고 여윳돈이 생기면 그때 투자를 시작할 수 있다고 여긴다. 하지만 아쉽게도 생활이 안정되고 여윳돈도 생기는 타이밍은 적어도 이번 생에서는 없다. 우리는 항상 배가 고프니까 말이다.

가장 좋은 재테크 방법은 억지로 투자하는 것이다. 아까운 돈을 나눠서 투자바구니에 담아야 한다. 언제 한번 밥 같이 먹자는 친구 사이의 약속이 얼마나 부질없는지 잘 알고 있지 않은가. 정말 같이 밥을 꼭 먹고 싶으면 약속 날짜를 잡아야 한다. 마찬가지로 돈이 생기면 투자하겠다는 생각은 부질없다. 그런 생각 말고 얼마씩 투자하고 남는 돈을 생활비로 쓰겠다는 계획이 필요하다. 다시 말해, 돈을 만들어서 투자하겠다는 생각이 육식 마인드다. 주식과 부동산 가격이 떨어지는 상황에서 초식 마인드를 가진 사람들은 '투자 안 하기를 잘했어'라고 생각할 것이고, 육식 마인드를 가진 사람들은 '지금 세일을 시작했다'라고 생각할 것이다.

계급의 문이 닫혀간다

우리나라의 모습은 조금씩 선진국을 닮아가고 있다. 좋은 의미에서의 선진국의 모습이 아닌 나쁜 의미에서의 선진국의 모습이다. 즉 '계급'이 구분되기 시작했다는 점이다. "공부 열심히 해서 훌륭한 사람 되라"는 말이 이제는 더 이상 현실이 되지 않는 사회로 가고 있는 것이다. 물론 겉으로 보이는 귀족과 천민의 구분은 이제 없다. 하지만 지금은 더욱 은밀하게 계급이 구분되어 가고 있다.

공부만 잘하면 많은 것이 해결되던 시절이 있었다. 아무리 가난한 집에서 자랐더라도 대학입학 시험이나 자격증 시험을 통해 한

41
1장 인플레이션, 오히려 기회다

단계 올라설 수 있었다. 성실하게 공부하고 노력하면 적어도 평균 이상의 직장을 얻어 미래를 설계할 수 있었다. 하지만 불행히도 이제는 그렇지 않다. 대학교 입학할 때조차 수시입학이라는 제도를 통해 부모님의 도움을 받아 더 좋은 점수를 받을 수 있다. 공부의 끝판왕이라 할 수 있는 사법고시 역시 역사 속으로 사라진 지 오래다. 이론상으로는 공부만 열심히 하면 로스쿨 들어가서 판검사도 되고 변호사도 될 수 있지만, 재정적 지원이 없다면 감히 엄두도 낼 수 없는 일이 되고 말았다. 1년에 2,000만 원쯤 하는 엄청난 학비를 감당할 수 있는 학생이나 부모가 과연 얼마나 있겠는가. 가끔 뉴스에서 부모님 찬스를 통해 좋은 학교에 입학하고 좋은 직업을 얻는 경우를 보면 '정의'와 '공정'에 대해 생각할 수밖에 없게 된다. 운 나쁘게 발각되는 경우도 있지만, 여전히 많은 고위직과 자산가들이 알음알음 품앗이로 서로의 자녀들에게 훌륭한 스펙을 쌓아주고 있을 것이다. 이 모든 것이 돈의 흐름 안에서 일어나고 있고, 그 돈의 흐름은 이제 한 방향으로만 흐른다.

보통의 집에서 태어나 공부 열심히 해서 명문대에 입학한다 해도 행복한 인생까지는 갈 길이 멀다. 번듯한 직장에 입사하기도 힘들고, 그 직장에서 오래 일하기도 힘들다. 공부 잘하는 똑똑한 아이 하나가 집안 전체를 일으켜 세우던 시대는 이미 갔다.

티끌 모아도 티끌 되는 사회

어렵게 번 돈을 차곡차곡 저축하여 집도 늘리고 자동차도 사고, 휴가도 가는 삶조차 이제는 버거운 시대가 되었다. 차곡차곡 저축한다 해도 물가 상승을 고려하면 오히려 손해를 보게 되었고, 집값 상승은 집 없는 사람들을 절망으로, 집값 하락은 영끌한 소유자들을 고통으로 몰아넣고 있다. 이 와중에 인스타그램이나 유튜브 같은 SNS를 보면 다들 너무나 부족함 없이 잘사는 것 같아 자괴감이 들 정도다.

티끌 모아 태산이 된다고 하지만 현재 우리 사회는 티끌을 아무리 모아도 티끌밖에 될 수 없는 상황이다. 품위 있게 생활하려면 소비해야 하는 비용이 너무 높다. 반면 이미 자산을 쌓은 자산가 계층은 시간이 지날수록 더욱더 부가 증가하고 있다. 2020년 국회의원 이용호 의원실에서 발표한 자료에 따르면, 전국에서 가장 어린 주택임대사업자는 2살 유아이고, 만 19세 이하 미성년 임대사업자는 모두 229명이라고 한다. 심지어 생후 4개월 된 아기가 자기 돈 10억 원으로 서울 압구정동 아파트를 산 경우도 있다. 말 그대로 태어날 때부터 금수저를 물고 태어난 아이들이다. 내가 물고 태어난 수저가 금수저라면 재테크는 필요 없다. 물려받은 재산 잘 지키는 게 재테크니까 말이다. 하지만 그렇지 않은 대다수의 성실한 우리들은 영리하게 재테크를 해서 자산을 형성해야 한다. 그래야 티끌로 태산을 만들 수 있다.

그래도 성공하는
투자는 있다

2020년 말, 좋은 기회를 얻어 강원도 도서관 직원들과 인근 주민들을 대상으로 재테크 강의를 하게 되었다. 강의 중간 쉬는 시간에 수강생들이 옹기종기 모여 이야기꽃을 피웠다. 주식 투자를 해서 몇 퍼센트의 수익을 봤다느니, 아파트를 얼마에 샀는데 얼마까지 올랐다느니 하는 자랑이 주를 이루었다. 그러더니 마지막 질의응답 시간에 애플이나 구글처럼 남들 다 아는 거 말고 좀 더 화끈한 주식은 없냐는 질문을 했다. 그 수강생들을 보며 주식시장이 조금씩 끝물에 가까워지고 있다는 걸 느꼈다. 벌써 아련하게 느껴지는 2020년 말에 있었던 일인데, 그때는 저금리와 코로나 지원을 위해

풀린 돈이 전 세계의 주식과 부동산 가격을 끝없이 밀어 올리던 시기였다.

나는 15년 정도 재테크 강의를 해오고 있다. 그래서 경험상, 재테크 강의를 할 때 "어떤 주식을 사면 좋아요?"라는 질문의 비율이 압도적으로 많으면 조만간 주식 가격이 떨어지기 시작한다는 것과 "손해 본 주식이나 펀드를 계속 가지고 있어야 하나요?" 같은 질문이 쏟아지면 하락세가 멈추고 다시 가격이 상승하는 신호라는 것을 피부로 느낀다.

주식시장에는 암묵적인 하락 신호가 있다. 주식을 전혀 하지 않을 것 같은 사람들이 주식 투자에 뛰어들면 주식시장은 얼마 지나지 않아 폭락한다는 것이다. 과학과는 거리가 있어 보이는 예상 시나리오지만 과학적이기도 하다. 주식시장이 대세상승기 상황에서 상승을 계속하면 투자에 관심 없던 사람들이 '나도 해볼까' 싶어서 투자를 시작한다. 이렇게 시작된 투자는 당분간은 수익을 본다. 투자자가 분석을 잘하고 자신만의 원칙에 따라 안전하게 투자를 해서가 아니라, 대세상승기에는 뭘 사도 다 오르기 때문이다.

코주부, 우리를 배신하다

이런 시기에는 코주부의 흐름을 잘 살펴야 한다. 코주부란 재테크의 세 가지 수단인 코인, 주식, 부동산을 합쳐 부르는 명칭이다. 얼마 전까지 금리가 낮았던 상황에서 코주부는 재테크에서 좋은 성과를 내는 상품들이었다. 자산이 쌓인 기성세대는 주식과 부동산을, 자산을 한창 쌓아나가는 젊은 세대(MZ세대)는 코인이 든든한 친구 역할을 했다. 코인에 대해서는 아직까지 찬성과 반대의 목소리가 높지만, 코인, 즉 암호화폐는 젊은 세대가 간편하게 투자에 접근할 수 있는 수단이기도 했다. 현재 코주부는 인플레이션과 금리 인상이라는 거대한 폭풍 앞에서 무기력한 모습을 보이고 있다. 간략하게 현재 흐름을 짚어보면 이렇다.

먼저 코인을 보자. 그렇게도 밤잠을 설치게 만들었건만 비트코인으로 대표되는 코인시장은 가격 하락을 피할 수 없는 상황이다. 2021년 11월에 1개 8,000만 원이 넘었던 가격이 1년 후에는 2,200만 원으로 하락했다. 루나코인 사태 때는 1주일 만에 가격이 99.99999% 떨어지기도 했다. 즉 1억 원을 루나코인에 투자했다면 투자원금이 500원이 되었던 것이다. 코인 투자 역시 금리가 낮아야 한다는 점을 다시 한번 인식시킨 계기였다. 낮은 금리를 통해 돈이 여기저기 돌아다니다가 코인판에도 흘러들어간 것인데, 바꿔 말하면 인플레이션 시기에는 코인에 흘러들어갈 자금이 부족해진다는 뜻이다. 인플레이션과 이에 따른 금리 인상은 코인판의 침체를 아주 길게 유지시키는 요인이 될 듯하다.

주식시장은 어떨까? 금리가 높아짐에 따라 기업들이 돈을 빌리기 힘들어지면서 성장엔진, 투자의 여력 등에 빨간불이 들어온 것은 사실이다. 그럼에도 될 놈은 되고 안 될 놈은 안 되는 모습이다. 어떤 기업은 금리 인상을 통해 수혜를 입을 수 있고, 물론 반대의 경우도 있을 수 있다(4장 '인플레이션 시대의 주식'을 참고하기 바란다).

부동산시장은 인플레이션의 가장 큰 타격을 받고 있다. 인플레이션을 잡기 위해 한국은행은 기준금리를 올렸고, 이에 따라 은행의 대출금리가 상승했다. 2023년 1월 말 기준, 예금금리 5%, 대출금리 8%의 상황이 되는 동안 아파트 가격은 서울을 비롯해 전국이 큰 폭으로 하락했다. 앞으로 금리가 계속 오를 것으로 예상되는 상황이라 부동산 가격은 더욱 가파르게 하락할 것으로 예상된다.

돈을 벌어주는 상품은 여전히 있다

2021년 말까지 부동산은 집값이 오를까 떨어질까 걱정할 필요가 없었다. 집이기만 하면 무조건 사두고 가격이 오르기를 기다리면 되는 것이었다. 특히 아파트는 대지지분이 어떻고, 세대수가 어떻고 하는 기본적인 것을 체크할 필요도 없었다. 그냥 사면 됐으니까 말이다. 불과 얼마 전까지만 해도 이런 호황기였는데, 상황은 제대로 준비할 여유도 주지 않고 급하락했다. 이제 부동산이라고 무조건 사봐야 가격이 오르는 시기는 끝났다.

주식도 마찬가지다. 코로나19로 인해 2020년 3월 우리나라 코스피시장을 비롯해 미국 증시가 폭락한 적이 있었다. 코스피의 경우 2200포인트에서 움직이다가 갑자기 1500포인트 선으로 주저 앉았고, 미국시장도 S&P 500지수는 3300에서 2300으로, 나스닥지수는 9500에서 6800까지 큰 폭으로 하락했다. 이후 코스피, 미국지수는 회복세를 보이며 2021년 말까지 상승세를 이어나갔는데, 이 기간에 주식시장에 뛰어든 투자자들은 대부분 수익을 봤다. 서점가에서는 주식 투자 관련 서적이 불티나게 팔렸고, 유튜브에서는 초등학생이 1,000만 원을 벌었다는 동영상이 인기를 끌기도 했다. 이렇게 영원할 것 같고, 언제나 뜨거울 것만 같았던 주식시장의 불장은 점차 마무리되고 있다. 인터넷 커뮤니티에는 자신이 얼마의 손해를 보고 있는지 인증글이 계속 올라오고 있다. 이제는 주식 투자에 대한 관심도 시들해지고 있는 상황이다.

하지만 주목해야 한다. 주식시장이 하락세를 이어간다 해도 어떤 주식은 상승한다. 마찬가지로 부동산시장이 하락세를 보인다 해도 버텨내는 지역은 있다. 지금까지는 대세상승기, 불장이라 표현될 만큼 대부분의 종목과 지역이 올랐기 때문에 공부를 하거나 고민할 필요가 없었다. 오로지 생각할 것은 지금 내 자금 사정에 맞는 매물이 있는가 하는 것이었다. 뛰어난 축구선수는 공을 따라가는 것이 아니라 공이 올 곳에 미리 가 있는다는 말이 있다. 코주부시장도 이러한 관점에서 보면, 내가 무엇인가를 사놓고 오르기를 기다리는 것보다 오를 만한 상품을 사는 것이 현명하다고 할 수 있다. 내릴 것 같은 부동산이라면 더 떨어지기 전에 처분해서 추가적인 손실을 방지하는 것도 현명한 접근이다.

지금부터 진짜 공부가 필요하다. 인플레이션과 고금리 상황에 어떻게 대응할지, 지금까지 상승하기만 했던 부동산이 폭락에 가까운 모습을 보일 때 어떻게 대처해야 할지 미리 계획을 세워두어야 한다.

2024년까지
혹독한 겨울을 준비하자

"Winter is Coming(겨울이 오고 있다)"는 말은 드라마 〈왕좌의 게임〉으로 유명해졌다. 그렇다. 우리에게 겨울이 오고 있다. 인플레이션에 이어지는 금리 인상은 주식·부동산 시장을 얼어붙게 할 것으로 보인다. 향후 3년은 겨울이라 보고 마음 단단히 먹어야 한다. 바꿔 말하면 3년 후에는 서서히 봄이 온다는 뜻이기도 하다. 앞으로 3년간 우리의 모습이 어떨지 예측해 보았다

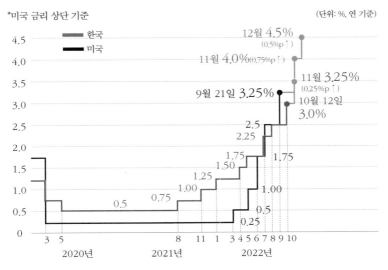

한미 기준금리 인상 전망

*미국 금리 상단 기준 (단위: %, 연 기준)

한국
미국

12월 4.5% (0.5%p ↑)
11월 4.0% (0.75%p ↑)
11월 3.25% (0.25%p ↑)
10월 12일 3.0%
9월 21일 3.25%

자료: 한국은행, 미국연방준비제도(Fed)

계속되는 기준금리 인상

2022년 3월에 예측했던 2023년 말의 미국 기준금리는 2.8%
였다. 8월 23일에는 이 수치, 즉 2023년 말의 예상 미국 기준금리
가 3.5%로 올랐는데, 2022년 11월의 전망은 2022년 말에 4.5%
까지 될 것이라는 예상이 나오고 있다. 즉 처음 기준금리를 올리던
2022년에는 '내년 말 3.5% 정도면 인플레이션을 잡을 수 있다'라
고 예상했는데, 이제는 '올해(2022년) 말 4.5%로 해도 못 잡을지도

모른다'가 되었다는 뜻이다. 이러한 추이가 계속된다면 2023년 말의 기준금리가 어떻게 될지 쉽게 예측할 수 없다. 사실상 2023년에 어떻게 될 것인지는 지금 아무도 감히 예측을 못한 채, 2022년만 열심히 예측하고 있는 상황이다.

이렇게 미국 기준금리에 대해 예측치를 설명하는 것은 그럴 만한 이유가 있다. 바로 우리나라의 기준금리 역시 미국을 따라갈 수밖에 없기 때문이다. 만일 미국의 기준금리가 4%인데 우리나라의 기준금리가 3%라면? 금융회사나 거대 투자회사처럼 큰 자본을 가진 투자자라면 우리나라에 투자했던 자금을 다 빼서 미국에 투자하는 것이 훨씬 이득이다. 더 높은 이자를 주는 곳에 투자하는 것은 투자의 기본이니까 말이다. 이것이 바로 자본유출이라 불리는 현상이다. 이렇게 큰손들이 돈을 빼서 다른 곳으로 가지 못하게 하려면 우리나라의 기준금리는 최소한 미국의 기준금리와 같거나 0.25%포인트 더 높아야 하는 숙명을 가지고 있다.

위의 그래프를 다시 보면 미국의 기준금리 대비해서 우리나라의 기준금리는 적어도 같거나 살짝 더 높은 수준으로 정해졌음을 볼 수 있다. 참고로 2019년을 보면(정확히는 2018년 3월~2020년 2월) 한국보다 미국의 기준금리가 더 높은 '금리역전' 현상이 발생하기도 했는데 이때는 운 좋게도 우리나라가 수출도 잘 되고 환율도 안정적이어서 큰 위기가 닥치지는 않았다. 하지만 운이 좋았다고 다음에도 그러리라는 법은 없다.

기준금리 인상에 따른 대출금리 상승

　기준금리는 말 그대로 은행의 기준이 된다. 기준금리가 3%라는 것은 은행들이 돈을 가져올 때 3%의 이자를 부담한다는 의미이고, 은행들이 우리 같은 개인에게 대출을 해줄 때에는 여기에 일정 비율의 마진을 붙여서 5% 또는 6% 선으로 금리가 정해진다는 뜻이다. 2022년 9월 기준, 기준금리가 2.5%일 때 대출금리는 평균 6.3%였다. 대출금리와 기준금리의 차이는 3.8%포인트. 이를 바탕으로 유추해보면 2023년 1월 미국 기준금리는 4.5%가 되었고, 한국 기준금리는 3.5%인 상황이다. 대출금리는 기준금리 3.5%와 금리 차이 3.8%를 더해서 7.3%의 평균값을 나타내고 있다. 즉 2023년 이후 대출금리는 8.3%가 될 것이고, 앞으로 기준금리가 계속 오르면 10%, 12%가 넘는 대출금리가 적용되는 상황이 될 수도 있다는 뜻이다.

　대출금리 상승은 현재 대출 부담으로 고통받는 사람들에게 더욱 고통을 줄 것이다(나 역시 예외는 아니다). 정부는 각 은행에 "대출이자 좀 살살 받으세요"라고 요청하겠지만 은행 입장에서도 기준금리 자체가 3% 또는 4%인 상황에서 대출이자를 낮추는 데는 한계가 있을 것이다. 당분간은 대출금리 10%의 시대라고 마음의 준비를 해야 한다. "걱정 마세요. 대출금리는 금방 3%로 내려갈 거예요"라고 말해주고 싶지만, 차마 입이 떨어지지 않는다.

사놓고 오르기를 기다리지 말고,
오를 것을 사놓고 기다려라

주식과 부동산에 투자할 때 내가 산 주식이나 부동산이 오르기를 기다리는 것은 누구나 마찬가지다. 문제는 오르지 않을 것을 사놓고 오르기를 무작정 기다리는 경우다. 내가 산 주식이나 부동산은 무조건 올라야 한다. 왜냐하면 내가 샀으니까. 앞서 설명했던 대세상승기라면 이러한 접근은 나쁘지 않은 성과를 가져온다. 뭐든 사놓기만 하면 오르니 얼마나 올랐느냐의 차이가 있기는 해도 손해를 보는 상황은 많지 않기 때문이다.

하지만 당분간은 접근법을 바꿔야 한다. 사놓고 언젠가 오를 것을 기다리기보다는 앞으로 오를 것을 사놓고 기다려야 한다. 예를 들어보자. 10억 원이었던 A아파트가 얼마 전에 7억 원 매물로 나왔다고 가정해 보자. 과연 이 아파트를 매입해야 할까? 정답은 '아직 모른다'이다. 이 아파트가 앞으로 5억 원까지 떨어질지, 나중에 10억 원의 가격을 회복해서 15억 원까지 오를지는 아직 모르기 때문이다. 단순하게 10억 원 하던 아파트라고 접근한다면 7억 원의 가격이 30% 할인된 가격으로 느껴질 수 있지만, 분석해 보니 앞으로 5억 원이 될 아파트라고 판단되면 아직 비싸다는 결론이 나기 때문이다.

뛰어난 축구선수는 공을 따라가지 않고 공이 가 있을 곳에 미리가 있는다. 재테크에서도 이런 플레이가 필요하다. 인플레이션의 흐름은 어느 정도 예측 가능하다. 물가 상승으로 금리는 지속적으로 올라갈 것이고, 어느 순간 다시 하락하면서 우리가 알고 있던 정상적인 수준의 금리로 돌아가게 될 것이다. 지금 시점에서는 상당히 고통스럽지만 미래 시점에서 보면 이미 경제의 흐름은 정해져 있고, 이에 따른 적절한 투자처는 어렵지 않게 발견할 수 있다는 뜻이다. 이 책을 쓴 이유가 바로 여기에 있다. 공이 어디로 가는지 미리 힌트를 주기 위함이다.

봄은 다시 온다. '그때 투자를 했어야 하는데…' 하는 아쉬움을 남기는 시기가 있다. 대략 10년에 한 번씩 이런 시기가 반복된다. 지금의 인플레이션 역시 몇 년 후엔 '그때가 투자하기 딱 좋을 때였는데…' 하고 생각할 날이 올 것이다.

인플레이션 시대, 직장인 생존법

인플레이션이 직장인에게는 상당히 불리하고 가혹할 수밖에 없다. 밖으로는 물가 상승으로 인해 나의 실질적인 월급은 하락하고, 안으로는 올라가는 대출 부담으로 이자를 더 많이 부담하게 되어 실질적인 소득 역시 하락하기 때문이다. 물가 상승으로 소득이 줄고, 이자 상승으로 또 소득이 줄어드니 이중고를 겪을 수밖에 없다.

그러나 저금리가 영원하지 않았듯, 고금리 역시 영원하지 않다. 터널의 끝은 반드시 있고, 또 언젠가는 다시 터널의 입구에 들어간다. 우리가 취할 수 있는 방법은 지금 우리 앞에 보이는 터널을 끝까지 통과하는 것이고, 다시 터널을 마주할 때 어떻게 하면 좋을지 대응 방법을 미리 준비하는 것이다. 자세한 투자 방법을 설명하기 전에, 우선 직장인들을 위한 기본 가이드라인을 제공하려 한다. 핵심은 이렇다. 섣불리 퇴사하거나 이직하면 안 된다는 것.

일정한 소득원 유지하기

인플레이션으로 인해 실질적인 소득이 줄어들면 '이 돈을 받느니 차라리 그만두고 다른 일을 찾아보자'라는 생각을 하게 될지도 모른다. 실행력 좋은 직장인이면 과감히 사표를 던질지도 모르는데, 아무리 괴롭고 치사해도 당분간 그러지 않는 게 좋다. 인플레이션에 이어지는 금리 상승으로 기업의 경영 환경이 악화되면서 각 기업은 현재 인원도 줄이려 하고 있다. 혹시 운이 좋아 다른 회사에 입사가 확정되었다 해도 실제 이직과 연결되지 않을 수도 있다.

현재 직장생활을 하면서 안정적인 소득원이 있다면 이를 계속 유지하는 것이 지금으로선 가장 좋다. 50만 원이라는 금액을 생각해 보자. 그냥 보면 50만 원이지만, 바꿔서 생각하면 1억 원을 연 6%로 대출받았을 때 한 달 이자를 감당할 수 있는 금액이다.

인플레이션 시기, 투자를 통해 확실히 수익을 보장받을 수 있는 투자처가 없는 상황에서 대출이자를 감당하는 원동력은 매월 받는 급여가 유일하다. 황금알을 낳는 거위의 교훈을 생각해 보면 된다.

하루에 한 알씩 황금알을 낳듯, 한 달에 한 번씩 소중한 급여가 들어오는 근로소득을 내 의지로 걷어찰 이유가 없다.

대출이자와 투자수익 비교

투자수익은 불확실하지만 대출이자는 확실하다. 내가 주식이나 펀드에 투자했을 때 앞으로 어떤 성과를 얻을 수 있을지는 아무도 모른다. 반면 내가 대출을 받았을 때 원금과 이자를 얼마씩 갚아나가야 하는지는 금액과 일정이 정확하게 정해져 있다. 내가 투자를 해서 연간 10%의 수익을 얻는다고 해보자. 만일 은행 대출이자가 5%라면 그런 투자는 나쁘지 않다. 하지만 은행 대출이자가 20%라면 이야기는 달라진다. 물론 은행에서 주택담보대출에 연간 20%의 이율을 적용할 리는 없다.

카드론을 보자. 연 이자율이 연간 3.9~19.9% 적용된다. 연체이자율은 기본이자율에 더해 연체가산금리 3%가 붙고 다시 법정최고금리(20% 이내)가 더 붙는다. 카드 할부 수수료율도 이와 비슷하다. 원하던 물건을 시원하게 카드로 긁으면 연간 할부 수수료율 최대 19.9%가 적용된다. 단기카드대출도 다르지 않다. 최대 연 19.95%까지 적용된다. 리볼빙 서비스도 19.95%까지 적용된다.

카드사를 이용한 서비스 비용을 대략 연간 20%로 잡자. 만일

이보다 더 수익을 얻을 수 있다면 카드사의 각종 금융 서비스, 즉 단기카드대출(현금서비스), 장기카드대출(카드론), 할부 결제, 리볼빙 서비스 등을 이용해도 된다. 더 벌어서 빚을 갚는 방법이니까 말이다. 문제는 연간 20%의 수익이 쉽지 않다는 것이다. 투자해서는 연 10%를 얻는데, 그 투자를 위해 대출받은 이자율이 20%라면 가만히 앉아서 손해를 보는 셈이다. 주택담보대출은 '집'을 위한 필수 지출이니 예외로 하더라도, 당분간은 빚을 얻어서 투자하는 일은 조심해야 한다.

지금까지 설명한 것이 인플레이션이다. 인플레이션이 무엇인지, 얼마나 무서운지는 설명했으니, 이제 본론으로 들어가야 한다. 그래서 이제 우리는 어떻게 해야 할까?

2장

나의 재무 시스템을
체크하라

지금 나의
소득 관리는?

충격적인 사건이 외부에서 발생했을 때 금융회사의 위기관리 능력을 평가하는 것을 '금융시스템 스트레스 테스트'라고 한다. 우리 통장에도 테스트를 적용해 볼 수 있다. '나'라는 사람의 재무 상태를 점검하려면 내가 가진 통장을 들춰봐야 한다.

최악의 경우에 대비되어 있는가

직장생활을 하면서 가장 듣고 싶은 말은 무엇일까? 프로젝트를 끝낸 뒤 상사나 동료들로부터 듣는 칭찬과 격려의 말일 것이다. "수고 많았습니다", "고생 많았어요"와 같은 말들. 상사와 동료들로부터 그동안의 노력을 인정받는 순간은 정말 짜릿하다. 그런데 동시에 가장 듣고 싶지 않은 말도 있다. "그동안 수고 많았습니다." "앞으로 행운이 있길 바랍니다." 이제 집에 가라는 말이다.

어느 날 상사가 갑자기 나를 회의실로 조용히 불러 미안한 얼굴로 회사를 그만 떠나달라고 할 때, 과연 나는 미래를 감당할 수 있는가? 그런 날이 안 오기를 바라지만 최악의 상황을 대비해서 내가 경제적으로 얼마나 준비되어 있는지 미리미리 점검해 봐야 한다.

먼저 퇴사부터 입사까지의 기간을 고려해야 한다. 원하지 않게 퇴사해서 다음 직장에 입사할 때까지의 기간 동안 어떻게 생활할 것인가를 계획해야 한다. 다행히 실업급여 제도가 있기에 어느 정도는 버틸 수 있다.

실업급여 금액

구직급여 지급액	퇴직 전 평균임금의 60%×소정급여 일수
최고액	1일 66,000원
최저액	1일 60,120원(구직급여가 최저액 미달 시 최저액 적용)

인플레이션 시대 월급쟁이 재테크

실업급여 지급기간(소정급여일수)

연령 및 가입 기간	1년 미만	1년 이상 3년 미만	3년 이상 5년 미만	5년 이상 10년 미만	10년 이상
50세 미만	120일	150일	180일	210일	240일
50세 이상 및 장애인	120일	180일	210일	240일	270일

　실업급여를 지급받을 수 있는 기간을 보면, 연령과 가입 기간이라는 두 가지 조건에 따라 여러 가지 경우의 수가 있다. 이중 최소치라 할 수 있는 부분을 확인해 보면, 1년 미만 근무했을 때 최대 120일의 실업급여를 받을 수 있다. 대략 4개월 남짓 동안 실업급여를 받을 수 있다는 뜻이다. 바꿔 말하면 실업 후 4개월 안에 새로운 직장을 구해야 소득이 끊기지 않는다는 뜻이기도 하다. 월급이 후불제임을 감안하면 3개월 안에는 이직에 성공해야 한다.

　인플레이션으로 대부분의 기업이 신규 채용은커녕 기존 인원까지 감원하려는 것을 감안하면 3개월 안에 재취업은 상당히 어려운 일이다. 이런 상황에서는 지금 직장이 아무리 당신을 욱하게 만들어도 버텨야 한다. 적어도 인플레이션 상황이 끝날 때까지는 그렇다. 나중에 인플레이션이 끝나고 다시 희망을 가질 수 있게 되면 그때는 더 이상 참을 필요 없다. 원하는 곳에 마음껏 경력직 지원 서류를 접수하면 된다. 그전까지는 일단 참는 게 능사다.

스트레스 테스트 이야기로 다시 돌아오면, 자신의 재정적 위기 관리 능력이 얼마나 되는지 스스로 테스트해 보는 방법은 간단하다. 오늘 당장 상사가 불러서 회사를 그만두라고 한다면, 그리고 오랫동안 이직을 못한다면 나는 현재 갖고 있는 돈으로 몇 개월이나 버틸 수 있는지 계산해 보면 된다. 그게 바로 당신의 재무건전성에 대한 정확한 성적표가 된다. 물론 버틸 수 있는 개월 수가 많으면 많을수록 좋다.

이미 투자해 놓은 코인, 주식, 부동산 가격이 폭락한다면 그에 대한 대비가 되어 있는지도 점검해 보자. 어느 날 갑자기 주식시장이 반 토막 나는 상황을 상상해 보라. 주식은 장기적으로 보면 우상향하는 모습을 보인다는 것을 알면서도 고통스러울 수밖에 없다. 주식시장이 흔들리면 거기에 투자한 펀드도 무너지고 비교적 안전하다는 ETF, 인덱스펀드와 같은 투자 상품에도 곡소리가 나게 되어 있다. 인플레이션은 단지 물가 상승의 고통만 주는 것이 아니다. 물가 상승이라는 증상에 금리 인상이라는 독한 처방전이 사용되고, 이에 따라 코주부 모두 하락하는 결과 때문에 고통이 되는 것이다. 내가 투자한 아이템이 반 토막, 4분의 1 토막이 날 때 나는 버틸 수 있는가? 이에 대한 답은 이미 스스로 알고 있을 것이다.

투자를 할 때는 그 결과가 원하는 것과 정반대로 흘러갈 경우 어느 정도까지 버틸 수 있을까도 함께 고려해야 한다. 충분한 여유 자금이 준비되어 있다면 느긋한 마음으로 주식시장이 다시 오르기를 기다릴 수 있겠지만, 그게 아니면 당장 급한 돈을 막느라고 투자한 아이템들을 손해 보면서 급히 처분해야 할지 모른다.

　나의 재정 상태를 테스트해 보는 또 다른 방법은 절약의 최대치는 어느 정도인지 가늠해 보는 것이다. 말 그대로 한 달에서 두 달 정도 옷도 사지 말고 웬만하면 걸어 다니고, 절대로 택시를 타지 않고, 친구들과 만나서 영화를 보거나 주말에 브런치를 먹는 일들을 모두 중단해 보는 것이다. 평소 자신이 '이 정도쯤이야' 하면서 습관적으로 해온 일상적인 소비를 끊어보면 스스로에게 꼭 필요한 최소한의 금액을 확인할 수 있다. 그러다 인간관계 다 끊기면 어떡하냐고? 좋은 친구와의 우정은 그리 쉽게 끊어지지 않는다. 몇 년 연락 없다가 불쑥 연락해서 만나도 어제 만난 것처럼 자연스럽고 편안한 친구가 진짜 좋은 친구다. 그런 사이라면 몇 달 안 만나는 것으로 오해가 쌓일 일은 없다.

　사람은 신기하게도 극한 상황을 한번 경험하고 극복하면, 어려운 상황에 다시 맞닥뜨린다 해도 최악이던 그때보다는 좀 나은 상황이라고 받아들이는 습성이 있다. 자신에게 최악의 스트레스를 부과하자. 극도의 절제 기간을 가져보자는 이야기다. 그 극강의 절약을 통해 자신에게 진짜 필요한 소비와 불필요한 소비, 포기할 수 없는 즐거움을 파악해 볼 수 있다. 그렇게 해서 아낄 수 있는 지출액이 바로 '고난의 행군'에 대비하는 비상 식량이다.

월급이라는 종잣돈으로 N차 소득을 만들어라

최고로 돈 잘 버는 대기업 회장님부터 회사 먹이사슬의 아랫부분에 위치한 우리에 이르기까지 국세청에서는 개인에게 해당되는 소득의 종류를 8개 항목으로 분류하여 각각에 대해 세금을 부과한다. 법적으로 분류된 소득의 종류가 여덟 가지나 되는 셈이다. 직장인은 대부분 근로소득 하나만으로 끝난다. 종류가 여덟 가지나 있는데 말이다. 뭔가 억울하다. 이렇게 소득의 종류가 많은데 우리는 달랑 1개에서 많으면 2개 정도만 해당된다니 말이다. 이제 우리도 소득을 효과적으로 관리하자. 내가 땀 흘려 번 1차 소득을 땀 흘리지 않고 얻는 2차 소득으로 연결시킬 수 있도록 준비해 보는 것이다.

소득의 종류

이자소득	배당소득	사업소득	근로소득
연금소득	기타소득	양도소득	퇴직소득

* 참고사항: 종합소득은 전체소득에 대한 항목이므로 분류에서는 제외함

현재 직장에 다니는 사람이라면 위에 분류된 여덟 개의 항목 중에서 근로소득, 기타소득, 양도소득, 이자소득, 배당소득 등 다섯 가

지 소득을 얻을 수 있다. 참고로 기타소득이란 책을 써서 인세를 받거나 강의를 해서 받는 소득을 가리킨다. 이 여덟 가지 항목은 1차 소득과 2차 소득으로 구분할 수 있다.

• 1차 소득

근로소득과 기타소득이 속한다. 내가 열심히 일해야 벌 수 있다. 다시 말하면 일을 하지 못하게 될 상황이 되면 더 이상 받을 수 없는 소득이 된다. 근로소득이 위협을 받으니 몸이 아프거나 교통사고가 나도 안 된다. 직장인의 경우, 근로소득에 대해서는 고용 관련한 여러 가지 법의 보호를 받고 있으므로 그나마 나은 상황이지만 전문직의 경우엔 상황이 다르다. 잘나가는 변호사라 해도 변호를 잘해야 돈을 버는 것이고, 병을 잘 고치는 의사라 해도 병원에서 의료 행위를 하지 않으면 돈을 벌 수 없다. 결국 직장인도 전문직도 근로를 해야 근로소득을 얻는다. 그만큼 내 몸이 중요한 재산이 된다. 내 몸이 쉬지 않고 일을 해야 한다. 월요일 아침에 출근해서 금요일 저녁까지, 또는 회식으로 영업으로 마시기 싫은 술을 마시거나 주말 특근을 하면서 근무한 대가가 바로 근로소득이다. 참고로 N잡러로 얻게 되는 배달대행업체배달원(라이더)의 소득은 프리랜서(3.3% 원천징수) 수입으로 처리된다. 일종의 근로소득으로 본다는 뜻이다.

기타소득은 간략하게 살펴보았던 바와 같이 특별한 경우에 해당되는 소득이다. 대부분 1회성 소득의 경우에 기타소득으로 분류하는데 나라에서는 친절하게도 기타소득도 여덟 가지로 꼼꼼하게 분류해 놓았다. 상금, 현상금, 복권당첨금, 위약금과 배상금, 일시적인 문예 창작 소득, 사례금, 전속계약금, 강연료 등의 일시적인 용역 대가가 그것이다. 일반적인 상황에서 기타소득 중 우리가 노려볼 수 있는 소득은 강연료다.

• 2차 소득

1차 소득과는 달리 나의 건강상태나 일을 열심히 하느냐의 여부와는 상관없이 꾸준히 얻을 수 있는 소득이다. 일을 하지 않아도 된다는 점에서는 대부분의 직장인이나 전문직 종사자에게는 꿈같은 소득이지만 문제가 하나 있다. 2차 소득을 얻기 위해서는 충분한 종잣돈이 있어야 한다는 것. 여기에 더해 인플레이션 같은 가혹한 환경에서는 소득은커녕, 원금 유지하기도 힘든 상황이 올 수도 있다. 안정적이고 만족스러운 2차 소득을 얻으려면 1차 소득인 근로소득을 잘 운용해야 한다.

직장에 소속되어 근무하는 동안에는 넉넉하지 않아도 1차 소득만으로도 충분히 생활할 수 있다. 빠듯하기는 해도 말이다. 그래서 1차 소득인 월급이 안정적으로 들어오는 동안에는 2차 소득을 얻어야 한다는 생각을 하지 않는다. 문제는 1차 소득이 끊어질 때 2차 소득이 바로 연결되어야 한다는 점이다.

인생의 성적표는 2차 소득의 여부라 할 수 있다. 직장에 입사하고 월급을 받는 것은 직장인이라면 누구든 하는 것이니 특별히 누가 낫다거나 못하다거나 하는 차이가 크게 없다. 진정한 성적표는 회사를 떠난 이후, 월급이 더 이상 들어오지 않는 상황에서 지금까지의 인생이 어땠는지 알 수 있는 것이다.

2차 소득에는 양도소득이 있다. 주식이나 부동산 등 자산을 팔아 이익을 얻는 소득을 가리킨다. 양도(讓渡)라는 말이 좀 어렵기는 한데, 쉽게 풀어보자면 '팔아치우다' 정도로 이해하면 된다. 즉 양도소득은 무엇인가를 팔아서 얻는 소득이다. 양도소득을 얻는다는 것은 자산을 매입해야 가능하다. 좋은 주식을 매입해서 가격이 많이 올랐을 때 얻을 수 있고, 부동산 역시 내가 매입한 가격보다 더 비싼 가격에 집이나 상가를 팔아서 얻을 수 있다. 부모님께 물려받은 재산이 아닌 양도소득을 얻으려면 자산을 보유하고 있어야 하고, 이러한 자산을 매입하기 위한 총알은 나의 월급에서 나온다.

이자소득도 2차 소득에 속한다. 은행에서 받은 이자 역시 소득으로 분류된다. 즉 은행에 예금이나 적금을 넣었을 때 받는 이자 역시 소득에 포함되고 세금의 대상이 된다는 뜻이다. 예금이나 적금으로 받는 이자가 넉넉하지가 않아서 아쉬울 따름이다

자산을 보유함으로써 얻는 배당소득 역시 2차 소득에 포함된다. ETF를 포함해서 주식을 보유하는 동안 얻게 되는 소득이 배당소득에 해당된다. 즉 자산을 팔아서 얻는 이익이 아니라, 자산을 보유함으로써 얻게 되는 수익이라 할 수 있다. 주식과 ETF를 팔지 않고 가

지고만 있어도 수익을 얻을 수 있다. 주식 투자에서 일명 배당주로 분류되는 회사들이 있다. 기업이 이익을 봤을 때 일정 부분을 주주에게 배당이라는 이름으로 수익을 배분하는데, 어떤 회사는 배당을 후하게 준다. 배당주 투자는 인심이 후한 회사들에 집중 투자함으로써 가격 상승과 함께 배당 수익도 기대하는 투자 방식이기도 하다.

그럼 여기서 1차 소득이 2차 소득으로 되는 아름다운 그림을 감상해 보자.

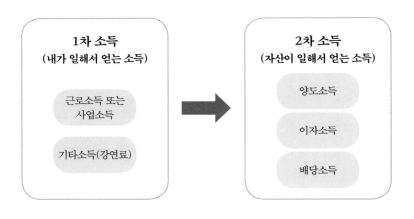

그림을 보면 1차 소득과 2차 소득의 개념적 차이가 금방 이해되리라 믿는다. 1차 소득은 결국 내가 일을 하고 사업을 함으로써 얻을 수 있는 소득이고, 2차 소득은 내가 가진 자본과 자산이 나 대신 일해주는 소득을 가리킨다. 나 대신 일하는 2차 소득을 얻기 위한 원천은 1차 소득을 기반으로 한다. 수많은 재테크 서적에서 종잣돈을 모아야 한다는 조언은 바로 2차 소득을 얻으려면 종잣돈은 필수라는 뜻이기도 하다. 주식이나 펀드에 적립식으로 투자하는 방식은 한꺼번에 목돈을 마련하기 힘든 직장인의 재무 상태를 고려한 방법이다. 적금하듯 자산을 모으면서 차근차근 목돈으로 키워나가는 것이다.

• 3차 소득

투자 상품이 스스로 결과를 만들어내는 소득을 가리킨다. 2차 소득까지 잘 연결되는 것만으로도 상당히 만족스러운 성적표를 받는 것인데, 3차 소득까지 얻을 수 있다면 더 바랄 것이 없다.

2차 소득은 종잣돈의 투자 결과를 통해 이자나 배당을 받거나 부동산 임대소득을 얻게 되는 소득인데, 3차 소득은 여기서 한 단계 더 나아가 2차 소득이 이루어낸 수익금이 다시 투자원금이 되어 3차 소득이 되는 상황을 가리킨다. 이자소득이나 배당소득을 또 다른 금융상품에 투자하여 수익을 얻거나 부동산 임대소득을 적립식 펀드에 투자하여 추가 소득을 얻는 경우인데, 돈에 돈이 붙는 소득이라 표현할 수 있겠다. 1차 소득으로 출발해 3차 소득, N차 소득까지 만들어낼 수 있다면 최고의 성적표를 받는 셈이다.

정리하자면, 월급을 투자하여 A회사의 주식을 사서 보유하고 있다고 해보자. 그 회사로부터 정기적으로 받는 배당금을 ETF에 꾸준히 적립식 투자하여 값이 오르고 매매차익을 봤다면, 주식을 사는 데 이용한 월급은 1차 소득이고, 주식 보유를 통한 배당금은 2차 소득이다. 여기에 배당금을 적립식 투자하여 얻은 이익은 3차 소득이 된다. 마치 톱니바퀴가 서로 맞물려서 돌아가듯, 1차 소득부터 시작하여 3차 소득까지 자연스레 이어지는 것이다.

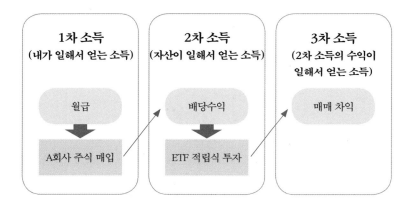

그림은 이렇게 아름다운데, 지금 상황은 이런 아름다운 그림을 상상하지 못하도록 우리를 위협한다. 인플레이션이 우리에게 1차 소득의 위협이라는 고통을 주고 있기 때문이다. N차 소득은커녕 당장 눈앞의 근로소득이 줄어들고 해고 가능성마저 높아지고 있는 상황이다.

그러나 또 한번 기억하자. 터널은 끝이 있기 마련이고 겨울이 아무리 추워도 때가 되면 봄이 온다. 인플레이션은 영원하지 않다. 지금은 1차 소득을 잘 유지하면서 봄이 왔을 때 어떤 결과를 얻을지 판단해 보고 준비하는 과정이다. 위협적인 경제 상황을 핑계로 아무것도 하지 않는다면 향후 저금리 상황이 다시 왔을 때 N차 소득을 얻을 수 있는 기회를 잡을 수 없을지도 모른다. 여기저기 주식이나 부동산이 큰 폭의 할인율을 보이고 있다. 이 기회를 잘 잡으면 나중에 나의 소득을 3차, 4차까지 확장할 수 있을 것이다.

소득은 4륜구동으로!

도로에서 볼 수 있는 자동차는 크게 2륜구동과 4륜구동으로 나뉜다. 말 그대로 2륜구동은 자동차의 앞바퀴나 뒷바퀴 중 2개에만 엔진 힘이 전달되어 움직이고, 4륜구동은 바퀴 4개 모두에 힘이 들어가서 움직인다.

보통의 도로에서는 2륜구동이나 4륜구동이나 큰 차이가 없다. 차이가 느껴질 때는 눈 오는 날이다. 2륜구동은 눈이 오면 바퀴가 헛돈다. 언덕길을 만나면 오르지 못하고 길 중간에서 미끄러져 내려오기도 한다. 눈 오는 날에 2륜구동 자동차를 운전하는 것이 특히 위험한 이유가 여기 있다. 눈이 오는 열악한 도로환경을 이겨낼 만한 구조가 아닌 것이다. 이에 비해 4륜구동은 눈 오는 날 힘을 발휘한다. 바퀴 4개가 함께 움직임으로써 자동차가 눈길에 미끄러지는 것을 방지하고 언덕길을 수월하게 오를 수 있다.

재테크와 관계없어 보이는 바퀴 이야기를 길게 늘어놓은 이유는 2륜구동이냐 4륜구동이냐로 소득의 원천에 대한 이야기를 할 수 있기 때문이다.

소득의 종류가 근로소득만 있다면 2륜구동 자동차와 비슷한 상황이 된다. 혹시 직장에서 밀려나거나 퇴직 또는 강제로 은퇴해야 하는 경우, 눈 내린 언덕길을 오르지 못하는 상황이 된다는 것이다. 근로소득에 더해 다른 소득이 있다면 근로소득이 끊긴 경우라도 다른 소득을 사용할 수 있다. 4륜구동 자동차를 모는 셈이다.

지금 소득을 얻고 있는 원천은 무엇인가? 오로지 직장에서 성실하게 근무하여 근로소득만 얻고 있다면 다시 한번 생각해 보아야 한다. 물론 직장에 다니는 동안에는 큰 어려움을 느끼지 못할 것이다. 다만 어느 순간 회사가 어려워지거나 2020년 초 코로나19 사태처럼 외부 환경이 급변해서 기업들이 기한 없는 무급휴가를 주거나 감원할 때 막막한 상황에 놓이게 된다는 점을 기억해야 한다. 근로소득 이외에 부동산 임대소득을 얻거나 사업소득을 얻고 있는 상황이라면 직장을 그만두게 될 때 큰 타격 없이 어려움을 이겨낼 수 있다.

계란을 한 바구니에 모아 담지 말라는 교훈은 투자에 있어 포트폴리오의 중요성을 일깨워 주는 말인 동시에, 소득의 원천 역시 하나가 아닌 여러 곳에 마련해야 한다는 뜻으로 이해해야 한다.

강제저축으로 얻는
자유로운 미래

    스타벅스의 로고인 세이렌^{Seiren}은 호머의 《일리아드^{Illiad}》 서사 시에 나오는 한 대목이다. 너무나 아름다운 노랫소리로 사람들의 넋을 빼앗고, 마침내 무엇에 홀린 듯 바다로 뛰어들게 만드는 무서운 존재 세이렌. 세이렌이 있는 바다에서 살아남으려면 취할 수 있는 방법은 단 하나, 귀를 막아서 아예 노랫소리를 듣지 말아야 한다.

    하지만 영웅 율리시스^{Ulysses}는 그 유명한 세이렌의 노랫소리가 너무나 듣고 싶었다. 그래서 부하들에게 자신의 몸을 돛대에 밧줄로 단단히 묶고, 부하들은 촛농으로 귀를 막고 있으라고 명한다. 드디어 세이렌이 출몰하는 바다를 지날 때, 율리시스는 마침내 세이렌의 아름다운 노랫소리를 듣는다. 환각에 취한 율리시스는 바다에 뛰어들고 싶어 몸부림을 치면서 부하들에게 당장 밧줄을 풀라고 명령을 내린다. 그러나 촛농으로 귀를 막은 부하들은 율리시스의 고함 소리를 듣지 못했고, 그를 단단히 옭아맨 밧줄 덕에 율리시스는 목숨을 구한다.

강제저축에 나를 맡겨라

율리시스를 살린 것은 그의 강한 의지력이 아니었다. 밧줄이었다. 바다로 뛰어들고 싶었던 그를 단단히 옭아맨 밧줄 덕에 그는 목숨을 구했다. 강제저축 또한 그러한 역할을 한다. 월급에서 얼마간의 금액이 무조건 빠져나가는 구조를 만들어놓으면 아무리 소비를 하고 싶어도 할 수가 없다. 예를 들어 월급이 300만 원인 직장인이 강제로 200만 원을 저축하거나 투자하거나 보험을 들어놓았다면 그가 소비할 수 있는 돈은 100만 원뿐이다. 100만 원 한도 내에서 한 달을 살아야 한다. 물론 엄청나게 불편한 생활이다. 열심히 일해서 받은 나의 돈인데 마음껏 사용할 수 없다니 너무 가혹한 일 아닌가.

하지만 강제로 투입하는 피 같은 내 월급은 내 돈이 아니라 생각해야 한다. 지금의 나에게는 미안하지만 미래의 내가 고마워할 돈이라 생각해야 한다. 타임머신이 있다면 미래의 당신이 지금의 당신에게 다가와서 분명히 말할 것이다. "덕분에 내가 편하다"라고 말이다.

강제저축은 지금의 내가 아닌 미래의 나를 위한 돈이니 내 것이 아니라고 과감하게 잊어버려야 한다. 시간은 금방 지난다. 그리고 이상하게도 나이가 들수록 시간은 더 빨리 흐른다. 고등학교 때는 50분 수업시간이 참 길게도 느껴졌다. 그리고 하루는 왜 그리 길어서 자율학습이 끝나는 오후 9시는 왜 그렇게 오지 않는지. 그런데 어른이 되어 보니 하루는 물론이고 일주일, 1년마저도 금방 지나간다. 생각보다 미래의 나와 금방 만나게 될 것이다. 그때 지금의 나를 미워하지 않도록 강제저축을 해야 한다. 중간에 해지하면 손해 보는 상품들 위주로 말이다.

중도에 해지하면 손해 보는 저축이 좋은 저축이다

어떤 상품은 중도에 포기하면 손해를 보게 설계되어 있다. 은행의 적금 상품은 손해까지는 아니지만 중도에 해지하면 약속한 이자보다 적은 이자를 계산해 준다. 여기서 잠깐, 손해 보는 상품인데 왜 좋은 상품일까? 몇 가지 이론적 배경을 바탕으로 접근해 보자.

사람은 심리적으로 손실을 더 고통스러워한다. 행동경제학의 영역에 전망이론Prospect Theory이라는 것이 있다. 요약하자면, 사람은 같은 금액의 수익과 손실에 대해 다른 반응을 보이는데, 수익에 대해서는 적게, 손실에 대해서는 크게 반응한다는 것이다.

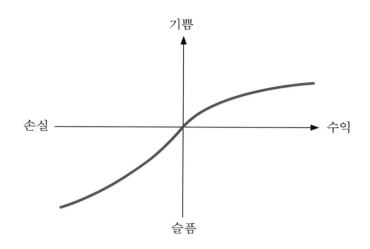

수익을 얻어서 느끼는 기쁨의 크기보다 손실을 입었을 때 슬픔의 크기가 더 크다. 100만 원의 수익이 생길 때의 기쁨을 100이라 했을 때, 100만 원을 잃을 때의 슬픔은 200 정도가 된다는 뜻이고, 그렇기에 사람은 손실을 회피하고자 하는 행동을 하게 된다고 전망 이론은 설명한다.

역설적으로 강제저축은 지금 당장의 '소비'를 통한 즐거움을 주지 못한다. 그리고 '손해 보는 느낌'까지 준다. 그래서 아주 먼 미래에 효과를 볼 수 있는 '강제저축'은 머릿속에서 '손실'로 처리하게 되고 손실을 회피하기 위해 강제저축 아예 하지 않거나 강제저축의 효과를 제대로 볼 때까지 기다리는 두 개의 옵션 중에서 하나를 고르게 된다. 결론적으로 강제저축 상품은 '손해 보는 느낌이 들기 때문에 약 올라서 계속 해야겠다'는 생각을 하게 만든다. 좋은 상품인 것이다.

또 하나는 툭하면 망각하는 우리의 습성에 반복학습을 시켜주기에 좋은 상품이다. 학교 다닐 때 웬만한 천재가 아니면 수업이 끝나고 나서 일주일이 지나면 학습한 내용의 90%는 연기처럼 사라진다. 그래서 복습이 중요하다고 하는데, 강제저축 상품은 매월 일정한 금액이 지속적으로 지출되기 때문에 자연적으로 복습을 하게 만든다. 1년 전에도, 저번 달에도, 이번 달에도 같은 금액이 꾸준히 지출되면 '아, 이 돈은 어디에 들어가야 하는 돈'이라고 완벽하게 학습하게 된다.

매년 1월 1일 굳게 마음먹고 실행하는 '새해 결심'이 3일이나 3개월 지나 돌아보면 다 지켜지지 않는 것도 망각효과 때문이다. 매일 매일 새로운 일이 우리 뇌에 입력되기에 아무리 굳은 결심을 하더라도 3일이 지나면 그 굳은 결심은 희미해져 간다. 이렇게 굳은 결심이 희미해져 가는 것을 막는 가장 좋은 방법이 '반복학습'인데, 강제저축 상품은 매월마다 반복학습을 시켜주기 때문에 재테크와 재무설계를 통한 월급 관리에 있어 가장 강력한 수단이 된다. 약하디 약한 우리의 결심을 매월 단련시켜 주는 그 이름, 바로 강제저축이다.

생활비를
점검하라

우리가 살아가면서 쓰는 모든 비용이 생활비다. 친구들과 차를 마시는 것도 생활비, 자동차에 기름을 넣는 것도 생활비, 대출금을 갚는 것도, 숨 쉬고 살아가는 데 필요한 비용 모두가 생활비다. 이렇듯 생활비라는 항목은 코에 걸면 코걸이 귀에 걸면 귀걸이기 때문에 관리를 안 할 가능성이 높다. 그래서 오히려 관리가 필요하다. 당장 매월 마이너스라서 월급이 다 신용카드 회사로 들어가는데 무슨 관리냐고? 그렇더라도 생활비는 점검하고 관리해야 한다. 다음 내용을 확인하고 꼼꼼하게 관리하다 보면 상황이 조금씩 나아질 것이다. 나도 모르게 어디선가 새고 있는 돈을 틀어막으면 된다.

생활비 통장으로 나의 생활비 규모 파악하기

제일 먼저 생활비 규모를 살펴보아야 한다.

	생활비 항목	현재 지출액	목표 지출액
고정지출	대출이자(월세)		
	공과금		
	통신		
	교통		
	기타		
	합계		
변동지출	외식		
	미용		
	문화생활(연애)		
	의류		
	경조사		
	기타		
	합계		

2장 나의 재무 시스템을 체크하라

우선 왼쪽에 현재 기준으로 생활비 구성을 항목별로 정리한다. 그러고 난 뒤 각 항목별로 한 달에 어느 정도 금액이 소비 또는 낭비되고 있는지 점검해 보고, 그 옆 칸에는 목표치를 세워본다. 여기서 주의할 점은 항상 그렇듯, 계획이 너무 완벽하고 세부적이면 안 된다는 점이다. 그렇게 되면 계획을 지키기가 어려워지고, 한 번 지키지 않으면 그것이 누적되어 전체 계획을 포기하게 될 가능성이 높다. 그러니 너무 완벽하게 정리하려 하지 말고 대략적인 금액만 정해야 한다.

생활비 구성을 보면 매월 정기적으로 예측 가능한 항목이 있고, 어떤 항목은 매월 나의 기분과 컨디션, 또는 갑작스러운 경조사 등에 따라 금액이 달라지는 항목도 있다. 이를 '고정지출'과 '변동지출'로 나눈 뒤 대략적으로 평균금액이 나오면, 그 금액만큼은 다른 돈과 섞이지 않도록 생활비 통장에 따로 넣어 관리해야 한다. 돈에는 이름표가 없으니 자칫 잘못하면 돈이 섞여서 '이 돈이 생활비인가, 아니면 투자용 돈인가?' 고민하게 된다. 월급을 받을 때마다 따로 만들어둔 생활비 통장에 일정액을 넣어서 교통정리를 해야 과도한 소비를 막을 수 있다.

생활비 통장을 만들었다면 신용카드, 현금, 카드 등이 생활비 통장에서 빠져나가도록 만들어놓자. 이렇게 매월 월급 통장에서 생활비 통장으로 자금을 이체시키다 보면 나의 생활비가 얼마 정도 필요한지 매월 반복하며 확인할 수 있다. 따라서 생활비를 줄이면 그에 따른 효과를 바로 눈으로 확인할 수 있다.

예를 들어 한 달 생활비가 매월 100만 원이고 생활비 통장에 100만 원씩 넣었는데, 생활비 관리를 통해 80만 원으로 생활비가 절약되면 20만 원이 통장에 남는다. 그 20만 원은 투자용 통장으로 옮겨서 추가적인 투자가 가능해진다. 반대의 경우, 생활비가 120만 원이 나오면 그 20만 원은 어디서 소비되었는지 과다 지출된 내역이 바로 보이기 때문에 다음 달에는 '줄여야 한다'는 생각을 나도 모르게 하게 된다. 월급은 거의 일정하기 때문에 생활비 통장을 통해 월급이 시스템적으로 흘러가도록 디자인해야 한다.

소비입니까
낭비입니까

　재테크 관련 강연이나 영상, 책 등을 보면 유난히 '부자'라는 단어를 강조한다. '강남 부자'니 '빌딩 부자'니 하는 말이 수없이 등장한다. 그러면 우리는 일단 열등감이 생기고 몸이 움츠러든다. 그런 재테크 관련 미디어는 공통적으로 우리도 그렇게 되려면 돈을 어떻게 굴려야 하는지 친절하게 알려준다. 부동산, 보험, 주식, 펀드 등 갖가지 수단을 통해 부자가 될 수 있다고 격려하는 것이다. 그런데 이 과정에서 의도적이건 의도적이지 않건 빠진 것이 있다. 바로 '소비'에 대한 것이다. 그들은 말한다. 너의 상황은 잘 모르겠지만 일단 무조건 아껴서 투자하라고.

그런데 우리네 삶은 어떤가. 투자를 먼저 하고 그다음에 남는 돈으로 소비하는가, 아니면 그 반대의 순서인가? 투자가 필요하다는 것은 알지만 일단 들어오는 돈 자체가 작은데 무슨 투자인가 싶은 게 우리의 속마음이다. 그렇다고 무조건 안 쓰고 살 수도 없다. 물론 나는 소비가 나쁘다고 주장할 생각이 없다. 다만 재테크의 시작은 투자가 아니라 소비에 있다는 걸 말하고 싶다. 그래서 우리가 어떤 선택을 해야 하는지, 그리고 소비를 할 땐 어떻게 해야 하는지 알려주고 싶다. 이왕 해야 하는 소비라면 현명해야 한다는 뜻이다.

소비와 낭비, 얼마나 다를까?

소비와 낭비, 사실 얼핏 보면 구분이 쉽지 않다. 돈을 쓰는 건 똑같기 때문이다. 더구나 '낭비'에 대한 기준은 저마다 다르기 때문에 일률적으로 '이것이 소비고, 이것이 낭비다'라고 단언하기가 어렵다. 어쩌면 우리나라 인구만큼이나 수많은 기준이 있을 것이다. 그럼에도 스스로 자신의 소비를 판단해볼 수 있는 기준은 필요하다. 그 기준을 이렇게 정해보면 어떨까?

소비는 '100을 지출했을 때 100의 가치를 얻을 수 있는 것'이다. 성경책에 이런 예화가 나온다. 어떤 사람이 밭에 보물이 묻혀 있는 것을 알면 전 재산을 동원해서라도 그 밭을 사려 하지 않겠느냐는 내용이다(마태복음 13장 44절). 땅을 사면 그 밑의 보물도 얻을 수 있기에 그렇게 행동한다는 것이다. 물론 이 예화는 천국에 대한 비유이긴 하지만 소비에 빗대어 생각해 볼 수도 있다.

100의 값어치를 하는 제품을 100에 구입했다면 그것은 소비라 할 수 있다. 간단히 말해 제값을 치른 것인데, 여기서 중요한 점을 알 수 있다. 50의 값어치를 하는 제품을 100에 샀다고 치자. 어떤 취급을 받게 될까? 아마도 '호구 왔네, 감사합니다'가 될 것이다. 제 값보다 더 치렀기 때문이다. 이런 바보 같은 소비는 할 이유도, 해서도 안 된다.

같은 제품인데 매장에서는 100만 원이고 인터넷에서는 50만 원이라면 인터넷으로 구매해야 돈을 아낄 수 있다. 이는 현명한 소비다. 마찬가지로 100만 원의 제품을 20% 세일해서 80만 원에 살 수 있다면 어떨까? 역시나 현명한 소비다. 여기서 문제는 대부분의 판매자들이 세일을 염두에 두고 가격을 책정한다는 점이다. 100만 원의 가치가 있는 제품을 130만 원으로 책정한 뒤 20% 세일가로 홍보하는 것이다.

"고객님, 이 제품이 원래는 130만 원인데 20% 할인 혜택을 받으셔서 104만 원에 구매하실 수 있어요. 26만 원이나 싸게 사시는 거예요."

이런 점원의 말에 귀가 솔깃해지지 않을 소비자가 있을까? 따라서 가격이 얼마인지를 떠나 그 물건의 가치를 제대로 판단할 수 있는 똑똑한 소비가 필요하다. 무조건 비싸다고 좋은 물건이 아니라는 뜻이다.

소비를 이렇게 정의한다면 낭비는 100을 지출했을 때 100보다 못한 가치를 얻게 되는 것이다. 큰맘 먹고 100만 원짜리 옷이나 가방을 샀는데, 다음 달에 유행이 지나버린다면 어떨까? 그 제품들은 쓸모가 없어져서 세상 구경 한번 제대로 하지 못할 가능성이 크다. 제품으로서의 구실을 전혀 못 하게 되는 것이다.

눈을 감고 지금까지 구매한 상품들을 떠올려보자. 그 모든 상품이 제값을 하고 있는가? 만일 제값을 다하고 있는 상품이라면 제대로 소비를 한 것이다. 하지만 집 안 어딘가에서 먼지만 뒤집어쓰고 있다면 낭비를 한 것이다. 내 집에 쌓여 있는 제품들을 소비와 낭비의 관점으로 꼼꼼히 살펴보자. 아마 나의 생활 패턴이 눈에 보일 것이다.

이를 투자에 치환해서 생각해 보자. 투자란 주식, 펀드, 부동산에 100을 소비한 뒤 100 이상을 얻고자 하는 행위다. 수많은 재테크족들이 이야기한다. 지금 당장 돈 쓰고 싶은 마음을 억누르고 투자를 잘 해서 나중에 더 큰 목돈을 손에 쥐라고 말이다.

하지만 여기서 유의할 점이 있다. 같은 소비라도 누구에게는 투자일 수 있고 누구에게는 그저 소비에 불과할 수 있다는 점을 말이다. 해외여행을 예로 들어보자. 여행 블로거나 유튜버 또는 인플루언서에게 해외여행은 자신의 콘텐츠를 만들어나가기 위한 투자다.

반면에 그렇지 않은 경우라면 해외여행은 그저 소비에 불과하다. 일명 리셀러들에게 명품 가방이나 한정판 희귀 운동화 구매는 판매 이익을 얻기 위한 투자 활동이지만 일반인들에게는 단지 소비일 뿐이다. 소비냐 낭비냐의 기준은 각자에게 있다. 이왕이면 투자와 연결되는 현명한 소비를 늘려나가는 것이 중요하다.

내가 누군지 알고 싶다면
소비 내역을 봐라

처음 보는 사람이 어떤 사람인지 파악할 때는 시각적인 정보가 가장 먼저 들어온다. 어떤 옷을 입었는지, 어떤 차를 타고 다니는지, 어떤 액세서리를 하고 있는지 보면 대충은 그 사람의 생활수준을 알 수 있다. 물론 수입에 비해 과도한 지출을 하고 있는 사람도 있겠지만, 그 모든 것을 포함하여 겉으로 드러난 생김새와 꾸밈새는 그 사람의 현재를 보여준다. 그 사람의 미래는 알 수 없다. 풍족하고 여유롭게 살지, 지금의 소비를 후회하며 전전긍긍하며 살지는 알 수 없다.

현재의 소비가 미래를 결정한다

지금 무엇을 소유하고 있는지가 지금까지 내가 어떻게 살아왔는지를 보여준다. 아주 간단하다. 좋은 차와 큰 집을 가지고 있다면 그동안 그만큼의 돈을 벌었다는 뜻이다. 물론 금수저를 물고 태어나서 노력 없이 물려받은 재산으로 남부럽지 않게 사는 사람들도 많다. 그렇더라도 현재 그들이 무엇을 소유하고 있는지를 보면 미래를 알 수 있다.

나의 소유물은 내가 무엇에 관심을 가지고 무엇에 기꺼이 돈을 써왔는지를 상징적으로 보여준다. 가치관과 취향까지 볼 수 있는 것이 바로 나의 소유물이다. 그러니 비싼 물품이 없다고 해서 인생의 패배자라거나 인생을 잘못 살아온 것이 아니다. 단지 다른 상황에 놓여 있었고, 다른 가치관을 가지고 있었을 뿐이다. 좋은 옷 대신 여행을 선택했을 수 있고, 명품백 대신 외국 유학을 준비하고 있었을지도 모른다.

현재의 소유물, 즉 지금 가지고 있는 물품들은 내가 지금껏 인생을 어떻게 살아왔고 무엇에 관심을 두고 있는지 보여주는 동시에, 앞으로의 인생에 대한 힌트가 된다.

지금 어디에 돈을 쓰고 있는지 되돌아보자. 자기계발을 위해 새벽잠을 포기하거나 친구들과의 즐거운 만남을 포기하면서 어학공부를 하거나 자격증을 따기 위해 준비하고 있는가? 아니면 유흥을 위해 돈을 지출했는가? 현재 소비에는 미래가 숨어 있다. 현재 시점에서는 큰 차이가 안 보이지만, 그 현재가 쌓이고 쌓이면 어떤 소비를 했느냐에 따라 전혀 다른 길을 가게 될 것이다. 어제의 돈과 오늘의 돈이 어떻게 지출되고 있는지 보면 미래에 어떤 삶을 살게 될지도 보인다.

월급은 무한하지 않다. 월급을 받을 수 있는 시기 또한 그렇다. 모든 사람들이 그걸 알고 있다. 그렇기에 사람들은 선택을 한다. 그리고 모든 선택이 그러하듯, 그에 따른 결과도 따라온다. 이러한 선택의 문제를 경제학에서는 '기회비용'이라 말한다. 똑같은 두 시간이 주어졌을 때 공부를 하거나 영화를 보거나 둘 중 한 가지만 선택할 수 있다고 하자. 그때 공부를 선택하면 그에 따르는 기회비용은 영화가 된다.

우리가 받는 월급도 마찬가지다. 그 크기만큼 그에 맞는 기회비용이 있다. 이제 선택의 시간이다. 무엇을 얻고 무엇을 잃을 것인가. 여러 번 강조했듯이 월급이 무한정이라면 이런 고민을 할 필요가 없다. 하지만 월급은 정해져 있기에 우리는 고민하고 선택할 수밖에 없다.

수없이 주어진 소비의 기회 속에서 우리는 우리 자신이 중요하게 여기는 것을 선택해야 하고, 그 선택의 기준은 각자의 몫이다. 다만 확실히 알 수 있는 것은 선택에는 항상 그에 따른 결과가 따른다는 사실이다. 낭비를 선택한다면 제값을 못하는 무용한 쓰레기를 얻을 것이고, 소비를 선택한다면 생활에 필요한 유용한 물품을 얻을 것이며, 투자를 선택한다면 더 많은 가치를 얻게 될 것이다. 너무나 빤한 결론이다. 명백한 결론이지만 알고 있는 것과 실생활에 적용하는 것은 다른 문제다. 재테크가 어려운 이유다.

이렇게까지
아끼라고?

소득이나 소비에 대해 이것저것 고민하다 보면 '이렇게까지 빡빡하게 살아야 하나?'라는 생각이 들기도 한다. 안정적인 직장에 다니고 대출상환 여력도 있는 독자라면 '대출이자가 좀 늘어서 불편한 정도'로 느낄 것이다. 반면 영끌까지 해서 내 집을 마련했는데, 주택 가격도 내려가고 대출 부담도 늘어난 상황이라면 잠이 오지 않을 것이다. 그러나 자신 있게 말할 수 있는 것은 지금 힘들고 불편한 모든 상황은 앞으로 다가올 터널의 끝을 맞이하기 위한 준비 단계라는 점이다.

스톡데일 파라독스

미국과 베트남이 한창 전쟁을 벌일 때의 일이다. 짐 스톡데일^{Jim} ^{Stockdale}이란 장교가 1965년부터 1973년까지 무려 8년간 포로 수용소에 수감되었다. 수용소에서 풀려나 돌아온 그에게 사람들이 어떻게 그 상황을 견뎠는지 물었다. 그는 언젠가 다시 집에 돌아갈 수 있으리라는 희망을 결코 버리지 않았지만 섣부른 희망을 품지는 않았다고 답했다. 그러면서 '섣부른 희망'을 품은 낙관주의자들은 그 상황을 견뎌내지 못했다고 덧붙였다.

"'크리스마스 때까지는 나갈 거야', 크리스마스가 지나면 '부활절 때까지는 나갈 거야', 부활절이 지나면 '추수감사절 때까지는 나갈 거야'라고 말했던 사람들은 그 바람이 이뤄지지 않으면 죽고 말았습니다. 섣부른 낙관을 품다가 희망이 사라지자, 상심 끝에 죽어버린 거죠."

여기에서 유래된 말이 바로 '스톡데일 파라독스'다. 비관적인 현실을 냉철하게 받아들이면서, 앞으로는 잘될 것이라는 굳은 신념으로 냉혹한 현실을 이겨내는 합리적인 낙관주의를 가리킨다. 스톡데일 장군은 성공하리라는 믿음을 가지는 것과 눈앞의 가장 냉혹한 사실을 직시하는 것은 서로 모순되지 않는다고 이야기한다. 즉 언젠가는 풀려날 것이라는 희망을 갖는 동시에 지금 당장은 아닐 것이라는 냉철한 현실 감각 또한 유지할 수 있다는 것이다.

지금 우리 상황도 마찬가지다. 언젠가 인플레이션이 멈추고 언제 그랬나 싶게 금리가 다시 낮아지는 시기는 반드시 온다. 하지만 올해 크리스마스는 아닐 것이다. 2023년 1월 현재, 주택담보대출 금리가 8% 선에 가까운 상황이다 보니 대출 부담으로 힘들어하는 사람들의 사정을 곳곳에서 목격한다. 그들에게 잠깐의 행복을 주기 위해서라도 "금리 인상 몇 달 안 갑니다"라고 이야기해주고 싶다.

하지만 잠시 잠깐의 사탕발림이 무슨 소용이겠는가. 냉정하게 판단해서 "금리는 지금보다 더 높은 수준으로 예상보다 더 길게 갈 수도 있다"라는 점을 정확히 알려야 한다. 지금보다 더 힘들어지는 시기가 온다는 뜻이다. 2022년 5월부터 본격화된 미국의 금리 인상은 적어도 2023년 말까지는 인상의 기조를 계속 보일 것이고, 2024년이 되어서야 금리는 조금씩 내려가는 모습을 보일 것이다. 적어도 2022년부터 2024년까지 3년 동안은 나중에 되돌아보았을 때 '가장 힘든 시기'이면서 '투자에 있어 좋은 기회가 되었던 시기'로 기록될 것이다.

"언제까지 이렇게 허리띠를 졸라매야 하느냐?"고 묻는다면 "당분간은 그렇습니다"라고 대답할 수밖에 없다. 이자 수준은 지금보다 더 높아질 것이고 고금리 기간은 예상보다 더 길어질 것이기 때문이다. 하지만 절망은 금물이다. 상황이 더 나빠질지도 모른다고 냉정하게 판단했던 스톡데일 장군은 결국 집에 돌아왔고, 고통이 금방 끝날 것이라 믿었던 다른 포로들은 풀려나기 전에 목숨을 잃었다는 점을 기억해야 한다.

3장

월급을
채굴하자

나는 왜 항상
월급이 부족할까?

월급을 생각하면 '밑 빠진 독'이라는 말이 자연스럽게 떠오른다. 벌어도 벌어도 부족하다. 아낀다고 아끼는데도 부족하다. 혹시 '내 월급은 과분한데…'라고 느끼는 사람들이 있다면 부러울 따름이다. 하지만 대부분의 직장인들은 늘 '박봉'에 시달린다. 옛날에도 그렇고 지금도 그렇고 아마 앞으로도 그럴 것이다. 그렇다고 우리가 게으르고 일을 하지 않느냐면 그것도 아니다. 그런데도 우리는 왜 이렇게 늘 돈 때문에 허덕일까?

주는 사람이 적게 준다

사장님들 입장에서는(좋게 표현해서 기업의 입장에서는) 직원들에게 월급을 많이 주면 그만큼 회사의 회계장부에는 '비용'이 늘어나는 것으로 기록된다. 기업의 1차적인 목적이 '이윤 창출'이니만큼 비용이 늘어나면 그만큼 이윤이 줄어드는 것이다. 그러니 회사는 직원들이 회사를 떠나지 않을 만큼의 최소 비용만 주려고 한다. 간단한 경제학 법칙인 '수요와 공급의 법칙'을 잘 알고 있을 것이다. 직장인의 월급을 수요와 공급의 원칙에서 보면, 일하고자 하는 구직자, 즉 공급은 많다. 그리고 일자리, 즉 수요는 적다. 그래서 가격이 잘 오르지 않는다.

간단한 계산을 해보자. 연봉 3,600만 원인 사람은 월급을 얼마 받을까? 단순하게 12로 나누면 월급이 300만 원이라 할 수 있겠지만 실제로 따져보면 그렇지 않다. 소득세와 국민연금 등의 항목이 숨어 있기 때문이다. 우선 국민연금의 경우 사업체에 근무하는 직장인이라면 월급의 4.5%가 이 항목으로 빠져나간다. 계산해 보면 1년간 국민연금으로 나가는 돈이 한 달 월급의 45%로 절반 가까이나 된다. 적지 않은 금액이다. 여기에 나머지 3대보험까지 합치면 월급의 10% 내외가 기본적으로 빠져나간다.

월급 명세서를 볼 때마다 한숨이 나온다. 어떻게 번 돈인데 나라에서 그냥 이만큼을 가져간단 말인가. 그나마 위안이 되는 건 건강보험의 경우 수시로 혜택을 받을 수 있으며, 나이가 들면 연금 혜택도 받을 수 있다는 점이다. 회사 사정으로 갑작스레 직장을 잃거나 일하다 다치기라도 하면 얼마간은 버틸 수도 있다.

소득세도 야속하긴 마찬가지다. 국가가 알아서 미리 세금을 걷어간다.

월급의 얼마가 원천징수되느냐는 중요하지 않다. 그로 인해 실제 들어오는 월급이 내가 기대하는 것보다 적게 들어온다는 것이 문제다. 이 점을 잘 알고 있어야 한다.

받는 사람이 많이 쓴다

적든 많든 매달 월급을 받는데도 우리는 늘 돈이 부족하다. 왜 그럴까? 많이 쓰기 때문이다. 주는 사람이 적게 주는 것도, 각종 원천징수로 실소득액이 줄어드는 것도 한 이유지만, 늘 돈이 부족하다고 느끼는 가장 큰 이유 중 하나가 큰 씀씀이다. 즉 너무 많이 소비한다는 것이다.

들어오는 소득 대비 지출이 많다면 월급이 부족한 것은 너무나도 당연하다. 그래서 과거 직장인들은 퇴직금 중간정산을 통해 빠듯한 월급을 보충하기도 했다. 하지만 이제는 그마저도 어렵다. 퇴직금은 '퇴직연금'으로 운용되기 때문에 특별한 경우를 제외하고는 중간정산이 안 되기 때문이다.

늘 돈에 허덕댄다면 어딘가 '밑 빠진' 구석이 있다는 뜻이다. 무이자 할부 혜택으로 물품을 구입했거나 소비성 지출의 비중이 높을 가능성이 크다. 투자성 지출로 월급이 빠듯한 것이 아니라면 지금까지 잘못된 선택을 해왔거나 소비가 계획 대비 너무나 늘었다는 등의 이유가 있다. 돈이 새어나가는 구멍을 확실히 파악해야 한다.

끝을 모른 채 치솟는 물가

마지막으로 돈이 부족하게 느껴지는 이유는 인플레이션 때문이다. 뉴스의 경제면에서 흔히 접할 수 있는 '물가상승률'. 이것이 무서운 것이다. 같은 물건이라도 더 많은 돈을 지불해야 하니까 말이다.

1994년 내가 대학 신입생이던 시절, 학교 앞에서 버스를 타고 집에 가려면 350원이 필요했다. 가끔 50원짜리가 없으면 "죄송합니다. 다음에 낼게요" 하면서 300원으로도 탈 수 있었는데, 지금은 같은 장소에서 버스를 타려면 1,050원이 필요하다. 그것도 교통카드로 할인받은 금액이다. 서비스는 동일한데 값은 세 배로 오른 것이다. 물가 상승은 이런 식으로 월급을 실질적으로 줄어들게 만든다. TV에서 "이제 만 원짜리 한 장으로는 살 게 없어요"라고 푸념을 늘어놓는 주부들의 모습을 보면 확실히 알 수 있다.

물가상승률은 복리로 오른다. 즉 작년에 3% 오른 것에 다시 추가적인 3%가 붙는다. 2022년부터는 6% 올랐는데 거기에 다시 6% 넘게 오른다. 복리는 시간이 지날수록 엄청난 힘을 발휘하는데, 물가 역시 복리가 적용되어 거대한 힘으로 우리를 압박한다.

소비자물가지수 추이

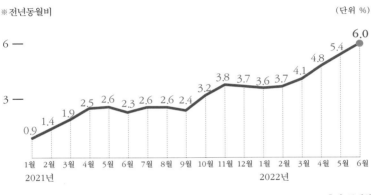

출처: 통계청

정리하자면, 월급이 빠듯한 이유는 내 개인의 문제일 수도 있지만 경제 환경 때문일 수도 있다. 이유가 어찌되었든 경제의 큰 흐름은 내 힘으로 바꿀 수 없으니 내가 바꿀 수 있는 것에 집중할 수밖에 없다. 나라 탓, 경제 탓을 하면 마음은 좀 편해질 수 있으나 상황은 크게 변하지 않는다.

월급으로 재테크하기 힘든
진짜 이유

　월급으로 재테크하기란 참 힘들다. 인생 전체로 보면 적지 않은 금액을 월급으로 받지만, 직장인들의 지갑은 얇고 생활은 팍팍하기만 하다. 왜 월급으로 재테크하기가 이렇게 힘들까?

　첫째, 매달 돈이 입금되기 때문이다. 무슨 소리냐고? 이번 달에 월급이 부족하다 해도 다행히 한 달만 버티면 또 같은 날짜에 월급이 들어온다. 그래서 비록 이번 달에는 통장 잔액이 부족하더라도 다음 달엔 보너스달이니까 충분히 마이너스를 벗어날 수 있다. 이 희망이 재테크에 방해가 된다. 다시 말해, 매달 같은 날에 월급이 들어오는 것은 재테크에 도움이 되기도 하고 방해가 되기도 한다.

'끓는 물 속 개구리Boiled Frog'라는 유명한 실험을 아는가? 코넬 대학에서 실시한 이 실험은 다음과 같다. 먼저 두 개의 비커에 개구리를 넣는다. 한쪽 비커에는 개구리가 좋아하는 찬물을 채우고 개구리를 집어넣은 뒤 서서히 물을 가열하여 뜨겁게 끓이고, 다른 비커에는 처음부터 뜨거운 물을 채우고 거기에 개구리를 집어넣는다. 찬물이 서서히 가열되는 비커 속에 들어 있던 개구리는 물 온도가 서서히 오르면서 물이 펄펄 끓어도 비커 속에 있다가 죽고 만다. 반면 처음부터 뜨거운 물이 들어 있던 비커 속에 집어넣은 개구리는 뜨거운 온도에 깜짝 놀라 곧바로 뛰쳐나온다.

월급과 재테크의 관계도 이와 비슷하다. 월급을 받고 나면 필요한 비용, 즉 대출이자 내고 생활비를 충당하고 나면 그래도 다음 달까지 생활할 정도는 된다. 즉 물이 아직 뜨겁지는 않다. 약간 금액이 부족한 듯 느껴져도 다음 달에 다시 월급이 들어오니 어떻게든 버틴다. 굳이 재테크를 하지 않아도 별로 불편함이 없다.

하지만 만약 반년에 한 번씩 목돈으로 급여가 들어온다면 어떨까? 6개월간 마음속으로 '돈이 들어오면 돈을 어떻게 굴려야겠다'는 계획을 세우고 실행할 것이다. '얼마 동안을 기다려온 월급인데 이런 곳에 쓰겠어' 하는 생각도 들 것이다. 즉 돈에 목이 마른 만큼 계획적으로 돈을 쓰고 장기적인 비전을 그릴 가능성이 더 크다는 뜻이다.

그러나 안타깝게도(?) 월급은 은퇴할 때까지 한 달에 한 번 들어온다. '아직은 괜찮아. 견딜 만해'라고 계속 생각하도록 만드는 것이 월급의 치명적인 단점이다. 그리고 우리는 마치, 온도는 점점 올라가고 위험한 상황이 눈앞까지 닥쳐왔는데도 위기의식을 못 느끼고 서서히 죽어가는 끓는 물 속 개구리가 되고 만다.

둘째, 목돈이 한꺼번에 들어오지 않기 때문이다. 2002년 월드컵에서 우리나라를 세계 최강의 반열에 올려놓은 히딩크 감독이 했던 유명한 한마디를 기억하는가.

"나는 아직 배고프다.I'm still hungry"

우리가 받는 월급도 그렇다. 월급만으로는 어딘가 배가 고프다. 그런데 아직still 배고픈 것이 아니라 항상always 배고프다. 들어온 월급으로 카드 결제하고, 보험료 내고, 친구들과 술 한잔 진하게 하고 나면 더 배가 고프다. '재테크? 여력도 없는데 투자 정보는 무슨…' 이런 생각을 한다. 평계를 대건 안 대건 언젠가 재테크 성적표를 받는 잔혹한 시기는 올 것이다.

셋째, 수익률 좋은 상품이 별로 없기 때문이다. 만일 돈을 넣어두기만 했는데 수익률이 제대로 나오는 상품이 있다면 열심히 아껴서 그 상품에 몽땅 돈을 넣을 것이다. 속된 말로 달러 빚을 내서라도 그 상품을 선택할 것이다. 그런데 그렇게 과감하게 선택할 수 있는 상품이 별로 없다. 코인, 주식, 부동산 어느 하나 제대로 수익률에 대한 확신을 주지 못한다. 은행에 넣어두면 안전하고, 더구나 인플레이션 시대이니 예전에 비해 높은 예금이자를 받을 수는 있겠지만

인플레이션 시대 월급쟁이 재테크

물가상승률을 생각하면 그것도 썩 내키지가 않는다. 수익률이 좋은 상품을 발견하지 못하니 투자를 하지 않게 되고, 투자를 하지 않으니 투자에 관심을 두지 않아 수익률 좋은 상품을 발견하지 못하는 악순환이 계속 이어지는 것이다.

넷째, 가만히 있기 때문이다. 인플레이션과 금리 인상은 재테크를 주저하게 만드는 강력한 요인이다. 이미 눈치 빠른 다른 투자자들은 달러 강세에 배팅하거나 가격이 내릴 만한 자산들은 다 처분했는데 나는 아직 아무것도 못한 것 같다. 뭐 하나 제대로 투자할 수 있는 아이템이 보이지 않기 때문이다. 코주부의 배신으로 투자를 하면 수익을 얻을 수 있을지 자신이 없다. 부동산 대출을 많이 받은 상황이라면 당장 부담이 늘어나는 대출이자 감당하기도 어려운 상황이다.

상황이 어려운 것은 이미 알고 있지만 어떻게 대책을 세워야 할지 모르기 때문에 말 그대로 '가만히' 있을 수밖에 없다. '사면초가'라는 말이 현재 상황을 가장 잘 표현하는 말이다.

하지만 여기서 관점을 조금 달리해 보자. 지금 주식이나 부동산 가격은 대세 하락세에 접어들었다. 주식은 소폭, 부동산은 대폭 가격 하락 상황이 당분간 유지된다는 뜻이다. 원인은 단 하나, 인플레이션 때문이다. 하지만 앞으로 인플레이션이 영원히 유지될까? 이를 생각해 보면 어떻게 대응해야 하는지 힌트를 얻을 수 있다.

인플레이션은 금리 인상이라는 고통스러운 과정을 거쳐 조금씩 잡힐 것이다. 즉 현재의 고통이 영원하지 않다는 뜻이다. 주식이나 부동산에 투자 목적으로 접근하는 것이 나중을 위한 좋은 해결책이 된다. 지금 주식을 사두면 아마 앞으로도 주가는 계속 떨어질 것이다. 부동산을 사도 마찬가지다. 그러다가 미국에서 기준금리를 더이상 올리지 않겠다는 신호가 나오면 조금씩 가격이 상승할 것이다. 지금 아무것도 하지 않고 가만히 있으면 가격이 상승하는 시점에서 그 수혜를 입을 수 없게 된다.

물론 지금 어딘가에 투자한다 해도 당장 수익을 얻을 수는 없다. 오히려 손해 볼 확률이 더 높다. 그럼에도 투자를 해야 하는 이유는 나중을 위해서다. 부동산 역시 대출이자가 부담된다 해도 끌고 가야 한다. 조금만 버티면 된다.

가만히 있으면 손실을 볼 일은 없다. 하지만 나중에 수익을 볼 기회도 없다. 투자하지 않는 것은 리스크를 없애는 가장 좋은 방법일 수 있지만, 동시에 가장 리스크가 큰 방법이기도 하다.

월급을
채굴하는 방법

　자, 그러면 어떻게 해야 할까? 일단 월급을 채굴해 보자. '채굴'이라는 말은 땅속의 광물을 캐낸다는 말로 최근에는 암호화폐 비트코인에 주로 사용되기도 한다. 그러니 '월급을 채굴한다'는 표현은 어딘가 이상해 보인다. 월급이 어디에 숨어 있는 것은 아니니까 말이다. 여기서 채굴이란 내 월급을 한번 제대로 긁어보자는, 마른 수건도 쥐어짜겠다는 마음가짐으로 내 월급의 흐름을 점검해 보자는 뜻이다.

　지금까지 우리가 알고 있는 재테크는 '돈을 어떻게 불릴 것인가'에 대한 문제였다. 어느 상품이 왜 좋고, 기대할 수 있는 일명 '기대

수익률'은 몇 퍼센트고, 10년 정도 꾸준히 투자하면 얼마 정도의 수익을 가져갈 것인가라는 식의 이야기가 대부분이다. 물론 잘 불리는 것은 중요하다. 투자를 잘하면 원하는 재테크 목표를 더 일찍 이룰 수 있다. 한 달에 10만 원이나 50만 원을 투자해서 1억을 만들고자 한다면 한 달쯤 연속으로 상한가를 칠 수 있는 주식을 사거나 한 달이나 두 달 안에 1000%, 2000%의 수익률을 얻을 수 있는 펀드를 고르면 원하는 목표를 빨리 달성할 수 있다.

하지만 많은 사람들이 알고 있다. 돈을 급하게 불리는 것은 매우 어렵다는 것을. 인플레이션으로 전 세계가 불황인 지금 상황에서는 더욱 그렇다. 재테크 환경은 금리 인상과 더불어 매우 척박해졌다. 전에는 저금리라는 비옥한 토지에 무엇이든 씨를 심기만 하면 그 열매를 얻을 수 있었지만, 이제는 토지가 비옥하지 않다. 씨를 심을 때 이 씨가 제대로 자라지 않을 수도 있다고 생각해야 한다. 그렇다면 어떻게 월급을 채굴해야 할까?

우선은 아껴라

먼저 아껴야 한다. 이 말에 기운 빠지는 뻔한 소리라고 실망하는 사람들이 있을지도 모르겠다. 하지만 인플레이션 시대에 가장 최선의 방법은 아끼는 방법밖에 없다. 우리에게 들어오는 급여는 정해저 있고, 여러 여건상 투자를 해서 돈을 불리는 것은 쉽지 않다. 설령 운이 좋아서 수익이 난다 해도 원하는 만큼은 아닐 것이다. 그럼 대안은 무엇일까? 나가는 돈을 아껴서 버는 것과 같은 효과를 내야 한다.

돈을 어디 넣어두기만 해도 척척 수익이 난다면 돈을 아껴야 할 이유가 없다. 하지만 현실적으로 그렇게 될 가능성은 거의 없다. 투자된 돈에 얼마의 수익이 붙을지는 내가 통제할 수 있는 영역이 아니다. 반면 내가 얼마를 지출할지는 전적으로 내가 통제할 수 있는 영역이다. 다시 말하면 돈이 얼마가 불어날지는 불확실하고, 내가 얼마를 쓰게 될지는 확실하다는 것인데, 불확실한 수익보다는 확실한 지출 관리가 우선되어야 한다는 뜻이다. 재테크 계획이든 재무 설계든 가장 우선은 돈을 아껴야 한다.

100만 원을 쓰다가 70만 원만 쓰게 된다면 30만 원만큼 투자이익 또는 이자를 받게 되는 셈이다. 10만 원을 주고 사야 하는 상품을 세일할 때 구매해서 8만 원을 주고 산다면 2만 원을 벌어들인 것이나 마찬가지다. 이렇게 생활비 영역에서 조금씩 소비를 줄여나가다 보면 자신도 모르게 꽤 많은 여윳돈이 생긴다는 걸 알게 될 것이다.

가끔 소비와 저축의 황금비율을 묻는 사람들이 있는데, 정해진 비율은 없다. 개인의 상황에 따라 어떤 사람은 저축보다는 과도한 대출부터 정리해야 하는 경우도 있고, 어떤 누군가는 대출은 크지 않지만 불필요한 소비가 많은 경우도 있다. 친한 보험설계사들의 추천으로 가입한 중복 상품 때문에 돈이 줄줄 새는 사람도 있다.

따라서 소비는 소비대로, 저축은 저축대로 해야 하는데, 이 균형점을 찾는 과정에서 가장 중요한 것은 본인의 계획이다. 어떤 꿈과 목표를 가지고 있는지를 먼저 살펴봐야 한다. 회사 다니는 동안 안정적인 노후 대책을 마련하는 게 목표라면 연금을 최우선에 두어야 하고, 직장을 다니다가 사업체를 차릴 꿈을 꾸고 있다면 무엇보다 창업 자금을 모으는 데 초점을 맞춰야 할 것이다.

사람들의 얼굴이 저마다 다른 것처럼 이상적인 재무 설계는 각각에 따라 다르다. 하지만 우리 얼굴에는 눈코입이 공통적으로 붙어 있다. 마찬가지로 재무나 재테크 문제에서 세부적으로 들어가면 공통적인 사항도 있기 마련이다. 그 기본적이고 공통적인 사항이 바로 현명한 소비를 조금씩 늘려가는 것이다.

현명한 소비를 늘려라

'현명한 소비를 하라'는 말은 재테크와 관련해서 빠지지 않는 말이다. 그런데 '현명한 소비'가 뭔지 구체적으로 설명해 주는 사람은 별로 없다. '현명하다'는 것 또한 지극히 주관적이어서 누구에게는 현명한 방식이 다른 누군가에게는 전혀 그렇지 않을 수도 있기 때문이다. 하지만 누누이 강조했듯이, 세부적으로 들어가면 누구에게나 적용되고 해당되는 기본적인 공통 사항이 있다. 현명한 소비란 바로 그 기본적인 공통 사항에 맞게 소비하는 것이다.

그렇다면 이런 공통 사항에 맞는 현명한 소비란 어떤 것일까?

첫째, 꿈에 투자하는 소비다. 지금 자신에게 어린 시절부터 꿈꿔온 삶을 살고 있는지 물어보자. 만일 대답이 '그렇다'라면 더 이상 이 책을 안 읽어도 된다. 만일 '아니다'라면 자신을 향해 진지하게 물어야 한다. '나는 어떤 삶을 꿈꾸고 있는가?'라고 말이다. 각자 다른 대답이 나올 텐데, 그 대답에 투자하는 소비가 현명한 소비다.

세계여행이나 창업이 꿈이라면 계획을 세우고 차근차근 돈을 모으고 꿈을 실현하는 데 필요한 단계를 하나하나 밟아나가야 할 것이다. 준비 과정에서 돈이 필요하거나 지금의 삶의 규모를 줄여야 한다 해도 해야 한다. 삶이 우리를 굴복시키게 하지 않으려면 꿈을 위한 소비는 유지되어야 한다. 그런데 여기서 한 가지 조건이 있다. 최소한의 생활은 유지해야 한다는 점이다. 꿈을 이루기 위해 주택 자금을 날리고 자녀 교육 자금을 날려서는 안 될 일이다.

둘째, 미래를 위한 소비다. 꿈을 실현하기 위한 소비와 일맥상통하는 지점이 있지만, 조금 더 포괄적이다. 지금의 즐거움으로 끝나는 소비를 할 것인가, 아니면 현재의 즐거움을 미루고 미래를 준비할 것인가의 갈림길에서 미래를 선택해야 한다는 뜻이다. 우리의 삶은 매 순간이 선택이다. 이는 마치 CEO들이 고독하게 회사의 운명이 걸린 의사결정을 하듯, 우리 또한 우리의 삶을 운영하는 CEO 로서 선택 앞에서 고민하는 순간이 계속 이어진다는 뜻이기도 하다. 모든 선택은 어렵지만, 우리는 어떤 선택이, 어떤 소비가 현명한 소비인지 이미 알고 있다. 다만 '알고 있는 것'을 '실행하는 것'으로 변환시키는 과정이 어려운데, 이 과정을 잘 통과해야 한다.

셋째, 좋은 상품을 선택하는 것이다. 수익률이 조금 더 높아서 물가가 상승해도 자산이 줄어들지 않게 하는 상품, 한 번 사면 싫증 내지 않고 오랫동안 사용할 수 있는 제품은 자산을 늘리고 추가적인 소비를 막는 좋은 소비다. 인터넷 쇼핑이나 스마트스토어 같은 소셜 커머스를 보면 50%씩 깎아주는 제품도 많은데, 특별히 필요한 물건도 아닌데 단지 세일가에 혹해서 아무 물건이나 사들이는 것은 절대 현명한 소비가 아니다. 마음이 뜨끔한 사람들이 분명 있을 것이다. 자신에게 꼭 필요한 물건을 세일 시즌까지 기다렸다가 사는 게 현명한 소비다.

넷째, 시간을 소중히 여기는 것이다. 재테크에서는 시간도 매우 중요한 요소로 작용한다. 특히 장기적인 관점에서 보면 투자는 '시간의 힘'을 통해 복리의 효과를 얻는 것이 중요하다. 수많은 자기계발서에서 '목표'를 이루기 위해 시간을 효율적으로 사용하라고 조언하는데, 재테크에서도 효율적으로 시간을 활용해야 한다. 시간도 '소비'하는 대상이라고 보면 얻을 수 있는 것이 많다.

시간의 힘을 잘 설명하는 숫자가 있다. 바로 72. 이 숫자가 복리가 가진 시간의 마법을 가장 잘 설명하는 숫자다. 72라는 숫자를 통해 나의 자산이 2배가 되는 기간과 수익률을 계산해 볼 수 있다. 예를 들어 수익률이 6%인 경우, 자산이 2배가 되는 기간은 72/6=12, 즉 12년 후다. 수익률이 12%라면 72/12=6으로 6년이면 된다. 이러한 방법으로 자산을 2배로 늘리고 싶을 때 어느 정도의 수익률이 필요한지 계산할 수 있다. 10년 안에 자산을 2배로 늘리고 싶다면 72/10을 통해 7.2%의 수익률을 얻어야 한다는 것도 알 수 있다.

복리의 중요한 요소는 수익률과 시간인데, 여기서 수익률은 각자가 통제하기 어렵다. 다만 위험 분산을 통해 주어진 상황에서 최적의 조합을 만들어낼 수 있을 뿐이다. 시간은 전적으로 통제가 가능하다. 재테크의 시작 시점을 오늘로 할지, 내년으로 할지 결정할 수 있다는 것이다. 같은 수익률이 얻어지는 상품이라면 가급적이면 조금이라도 일찍 재테크를 시작해야 조금이라도 일찍 자산을 2배로 늘릴 수 있다. 오늘도 하루가 지나갔으니 목표 달성이 하루 늦어진 것이다. 시간이 소비되고 있다.

부캐,
제2의 수익원

이미 알고 있듯이, 소득의 종류에는 근로를 통한 1차 소득, 투자를 통한 2차 소득, 투자 상품이 스스로 결과를 만들어내는 3차 소득이 있다. 언뜻 생각하기에 근로소득에는 리스크가 없고 투자를 통한 2차와 3차 소득부터 리스크가 있다고 생각하기 쉽다. 맞는 말이기는 한데, 엄밀하게 보면 100% 맞는 말은 아니다. 물론 1차 소득에는 큰 리스크가 없다. 회사에서 일하고 받는 급여가 마이너스가될 일은 거의 없을 테니 말이다. 다만 근로소득이 영원하지 않다는 점은 염두에 두어야 한다. 지금 근무하고 있는 직장에서 앞으로 80세가 될 때까지 근무할 수 있다면 리스크는 없다고 봐도 된다. 그렇지 않은 경우라면 근로소득이 중지되는 위험은 직장생활 내내 계속될 수밖에 없다. 공기업과 공무원이 인기 있는 이유는 바로 1차 소득의 리스크가 없기 때문이다. 그 외 일반 사기업 직원이라면 리스크는 항시 존재한다고 봐야 한다. 다음 사례를 보자.

2022년 10월, 유제품 기업 '푸르밀'은 다음 달에 회사 문을 닫는다며 전 직원에게 갑자기 정리해고를 통보했다. 물론 법에서 고용과 해고에 대해 안전장치를 마련해 놓고는 있지만 한계가 있다. 근로자에게는 이런 식의 해고 위험이 늘 도사리고 있다. 해고로 인해 근로소득이 끊기는 것이 1차 소득의 가장 큰 리스크라 할 수 있다. 푸르밀은 2022년 11월 말 현재 회사 폐업은 없던 것으로 하고 다시 잘해보겠다고 했지만, 언제 또다시 이런 이메일을 직원들에게 보낼지 알 수 없는 노릇이다.

문제는 이런 갑작스러운 리스크에 대비하는 방법이 쉽지 않다는 것이다. 갑작스런 해고가 아닌 사전 예고된 해고라도 인기 직종이 아닌 이상 이직은 쉽지 않다. 앞에서 설명했던 스톡데일 파라독스를 기억할 것이다. 낭만적이고 대책 없는 희망보다는 '지금 직장은 안정적으로 나에게 급여를 지급하고 있지만 언제든 나를 해고할 수도 있다'고 현실적으로 생각해야 한다.

그렇다면 어떻게 1차 소득의 리스크를 줄여야 할까? 퇴근 후 전문 자격증을 준비하는 것도 방법이지만 부캐를 키우는 것도 훌륭한 대비책이 될 수 있다.

나의 매력과 지식이 돈이 되는 세상이다. 유튜브 같은 각종 플랫폼이 나의 매력, 경험과 지식에 기꺼이 돈을 지불하고자 한다. 이런 플랫폼을 잘 활용하면 나 대신 부캐가 수입을 올려주는 셀프 효자 노릇을 할 것이다. 나 또한 '작가'라는 메인 캐릭터에서 유튜버라는 부캐를 시작했다. 아직은 어디 명함을 내밀 수 없는 미미한 구독자 (2023년 1월 현재 78명)지만 점점 성장하지 않을까 기대해 본다.

상황별로 우리가 선택할 수 있는 부캐를 정리해 보았다. 우리 각 자에게는 '돈이 될 만한 구석'이 아주 많다. 라이더, 쿠팡배달 같은 공유경제를 통해 수익을 얻는 것도 좋지만, 직업상의 리스크가 많은 것이 현실이다. 다음에 소개하는 방법은 다칠 일이 없다는 점에서 안전하다. 단, 단기간에 일확천금을 얻을 수는 없다. 일정 성과를 얻으려면 꾸준히 해야 한다. 부캐가 매력적인 것은 한 번 세팅해 놓으면 나 대신 24시간 일해준다는 점이다. 유튜브는 쉬지 않는다.

부캐를 위한 다양한 콘텐츠

먼저 외모가 뛰어나다면 뭘 해도 된다. 맘에 안 들어도 어쩔 수 없는 사실이다. 외모가 뛰어나면 유튜브에서 뭘 해도 무조건 잘된다. '같이 공부해요'라는 콘셉트로 아무것도 안 하고 책상에 앉아 공부만 해도 뜨는 세상이다. 운동을 많이 해서 남들이 부러워하는 몸매를 가지고 있다면 운동하는 모습을 찍으면 된다. 얼굴이든 몸이든 남들의 주목을 받을 정도로 뛰어나다면 뭐가 되었든 찍어서 올리면 된다. 그러면 사람들이 알아서 당신을 찾아갈 것이다. 불편하지만 냉정한 현실이다.

책 읽는 것을 좋아한다면 독서 관련 콘텐츠를 올려보자. 대부분 유튜버들의 고민이 어떤 콘텐츠를 기획할 것인지 아이디어의 우물이 말라간다는 것인데, 책 읽기 콘텐츠는 매일같이 새로운 신작이 나오기 때문에 우물이 마를 일은 없다. 저작권 허락을 받기 좋다는 점도 장점이다. 출판사들은 유튜브에서 책을 소개하는 일에 관대하다. 통상적으로 책의 10%까지는 인용하고 소개해도 된다.

영화나 드라마를 좋아한다면 이를 편집해서 요약해 주거나 감상평을 올리는 콘텐츠를 만들 수 있다. 화려한 영상편집 기술은 잘 몰라도 된다. 본 콘텐츠가 시청자의 주목을 받기 때문이다. 단점은 저작권이다. 다른 사람의 창작물을 가져다 쓰려면 사전에 허락을 받거나 수익화시킬 때 제약이 많다. 일정 구독자 수 이상이 모이면 나중에 알아서 홍보해 달라고 연락이 오겠지만, 그전까지는 열심히 저작권 허락을 받아야 한다.

남들에게 강의할 수 있는 정도의 전문지식이 있다면 '클래스101' '베어유' '라이브클래스' '유데미' 등과 같은 채널을 이용하거나 유튜브 및 강의 플랫폼을 만들면 좋다. 특히 강의 콘텐츠는 온라인 강의 플랫폼이 끊임없이 새로운 강사를 찾고 있으니 강사로 등록하는 게 어렵지 않다. 직장에서 노션을 잘 활용하거나 PPT와 엑셀 기술이 뛰어나다고 칭찬받고 있다면 과감히 도전해 보자.

굳이 자신의 모습을 공개하고 싶지 않다면 블로그 활동을 해보는 것도 좋다. 개인 블로그를 운영해서 광고 신청을 하는 것도 좋은 방법이다. 전문지식이나 독서, 영화 등 거의 모든 것을 블로그에 다 담을 수 있다. 방문자가 많아지는 만큼 광고 수익을 얻을 수 있다. 다만 앞으로는 블로그 같은 텍스트 중심이 아닌 유튜브 같은 영상 매체로 관심의 초점이 옮겨간다는 점은 미리 감안해야 한다.

살펴보면 우리에게 또 다른 월급의 채굴 기회는 무궁무진하다. 나 또한 평범한 직장인 '우 대리'였다. 다만 '죽기 전에 책 한 권 써보자'라는 생각으로 아무도 하라고 하지 않고 기대하지도 않았는데, 혼자서 목표를 세워 퇴근 뒤 조금씩 글을 써나갔다. 절반 정도 쓴 다음 출판사 여러 곳에 투고를 했다. 하지만 대부분의 출판사에서 "선생님의 글 잘 받아보았습니다"라고 시작하는 예의 바른 거절의 메시지를 받았다. 다행히 한 신입 에디터가 소속 팀장의 반대에도 불구하고 한번 만나보자고 해서 《신입사원 상식사전》이라는 책을 출간할 수 있었다. 평범한 '우 대리'가 '우 작가'가 되어버린 것이다.

'어느 구름에 비 올지 모른다'는 말이 있다. 당신에게 어느 구름이 있을지 아무도 모른다. 작가라는 구름이, 크리에이터 또는 강사라는 구름이 숨어 있을지도 모른다. 당신이 모르고 있던 재능과 지식과 매력을 시험 삼아 영상에 담아보거나 글로 옮겨보자. 처음 보는 사람에게 30분 정도 신나게 이야기할 수 있는 주제가 있다면 그것이 당신의 강력한 콘텐츠가 될 수 있다. 스포츠, 영화, 드라마, 연예계 등 뭐든 상관없다. 쉬지 않고 떠들어낼 수 있는 '뭔가'를 가지고 있다면 잘 활용해서 가치를 높여보자.

내가 처음 썼던 책의 내용도 특별할 것 없는 '직장생활'에 관한 것이었다. 신입사원의 드레스코드, 명함은 어떻게 돌리는지 등에 관한 비즈니스 매너, 이메일은 어떤 순서로 써야 하는지에 관한 업무 스킬 등을 간단히 정리해 놓은 내용이었다. 학문적으로 깊이가 있거나 철학적인 깊은 통찰이 담긴 내용이 아니라, 선배들이나 상사에게서 싫은 소리 들어가며 배운 생존 노하우였다. 너무 거창한 콘텐츠를 생각하면 고민만 하다가 시작도 못 한다. 일단 해보자. 어느 구름에 비 올지 모르니까.

상식의
재구성

재테크 관련해서 많은 전문가들이 공통적으로 짚어주는 핵심 포인트가 지금도 맞는지 문득 궁금해졌다. 투자에 있어 당연하다고 여기는 내용이 맞는지 틀리는지 다시 판단해 볼 수 있는 기회를 가져보았으면 한다.

부자가 되려면 부자와 어울려라?

많은 재테크 서적이 이야기한다. 부자들이 어떻게 부자가 되었고 어떻게 돈을 관리하는지 배우려면 부자와 어울리는 것이 좋은 방법이라고. 특히 부자들이 가진 마인드 중에서 배울 것이 있는데, 그것은 바로 돈을 벌기 위해 돈을 쓴다는 점이라고 말이다. 부자들은 자신에게 이익이 되는 사람을 위해서는 시간과 돈을 아끼지 않는다며, 무료 강연회를 찾아다니던 자산가가 정말 궁금한 것을 물어보기 위해 많은 돈을 지불하고 전문가와 30분 동안 이야기를 나누거나 세금 문제를 해결하기 위해 세무사에게 나름의 '성공 보수'를 지급해 가면서 돈을 번다고 말한다. 보통 사람들이 대개 비슷한 사람들끼리 모여 잡담을 늘어놓거나 직장상사를 욕하며 술을 마시는 것과는 확연히 다르다고 비교하면서 말이다.

책에서 이렇게 얘기하는 걸 읽고 있자면 '그럼 이제부터 부자랑만 놀러 다녀야 하나?'라는 생각이 들지도 모른다. 하지만 주의해야 한다. '부자와 어울리라'는 말은 같이 놀러 다니라는 말이 아니라, '그들의 사고방식을 배우라'는 뜻이다.

부자들은 1%의 금리에도 예민하게 반응하고 절세를 고민하는데, 자산 규모가 워낙 커서 1%의 차이가 매우 크기 때문이다. 시간과 돈을 들여서라도 1%, 아니 0.5%라도 줄이려고 노력하는 이유다. 같은 1%라 해도 100만 원의 1%와 1억 원의 1%는 분명히 다르다. 우리도 1%의 금리에 민감해야 하는데, 우선은 손익을 따져봐야 한다. 100만 원 예금에서 1%인 1만 원을 더 얻기 위해 2만 원의 비용을 들일 필요는 없는 것이다. 어느 저축은행이 1% 더 준다고 해서 업무시간에 버스나 택시를 타고 해당 은행에 갈 필요는 없다.

부자들은 '투자'가 직업이다. 가진 재산을 잘 불려서 계속 유지하는 것이 직업이다. 그에 비해 직장인들은 생업이 따로 있다. 일단 자신의 직업에 충실한 것이 중요하다.

주식시장은 장기적으로 보면 우상향한다?

1980년 이후 코스피 추이

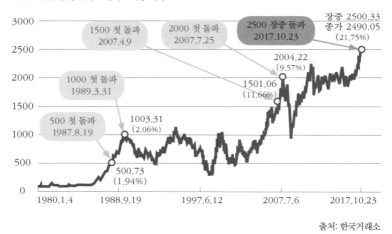

※괄호 안은 삼성전자(보통주) 시총 비중

출처: 한국거래소

위 그래프에서도 알 수 있듯이, 주식시장은 장기적으로 보면 계속해서 지표가 올라가는 것은 분명하다. 우리나라의 종합주가지수도 매일매일 오르고 내리고를 반복하면서 일정한 추세에 의해 올라가고 있음을 알 수 있다. 그래서 주식시장은 장기적으로 보면 우상향한다고 하는 것이다.

이 말은 맞으면서 동시에 틀린 말이기도 하다. '장기'가 어느 정도 기간인지 명확하지 않기 때문이다. 어떤 사람에게는 1년이 아주 지루한 장기일 수 있고, 또 어떤 사람에게는 10년의 기간도 '장기'가 아닐 수 있다. 장기가 어느 정도인지 사람마다 다르고, 여기에 더해 우상향이라는 말도 의심스럽다.

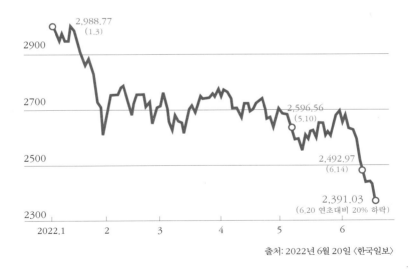

종합주가지수 추이(2022년 1월~2022년 6월)

출처: 2022년 6월 20일 〈한국일보〉

주식시장이 별문제가 없는 경우라면 모르겠지만 인플레이션 상황처럼 10년이나 20년에 한 번 있을 법한 대형 악재가 있는 경우엔 우상향은커녕 횡보도 어려운 상황이다.

특정 주식을 장기간 보유한다고 했을 때 과연 그 종목이 우상향할 것인가도 의심스럽다. 예를 들어 'LG디스플레이'라는 종목을 보면 처음 기업공개(IPO)했을 때로부터 몇 년이 지난 2022년 11월 현재까지도 처음 가격을 회복하고 있지 못하다. 내가 근무했던 회사여서 항상 애정을 가지고 지켜보고 있는데 마음이 아프다.

장기적으로 우상향한다고 했으니 언젠가는 처음 가격보다 훨씬 높은 가격을 형성할 수 있겠지만 장기로 우상향한다는 조언만 믿고 몇 년 이상 보유하고 있는 사람에게는 일종의 '희망고문'이 계속되는 셈이다. 따라서 '주식시장은 장기적으로 보면 우상향한다'는 상식은 '주식시장은 장기적으로 우상향하지만 개별 주식종목은 그렇지 않을 수도 있다'고 재구성할 수 있다.

주식 투자 비중은 '100-나이'만큼 해라?

조금 위험한 조언이다. 30세인 사람은 투자에서 주식의 비중을 70%로 하고, 50세인 사람은 투자 자산의 절반을 주식 투자와 같은 '공격적 자산'에 투입하라는 말인데, 투자 자산의 절반 이상을 주식에 들이부을 수 있는 '대담한 투자자'가 얼마나 될까?

이 조언을 따라 주식 투자를 했을 때, 다행히 매입 주식이 계속 올라준다면 좋겠지만 혹시라도 주식이 휴지조각이 되면 30세 투자자는 투자자금의 70%를 공중에 날리고 만다. 이때를 대비한 조언이 바로 '주식시장은 장기적으로 보면 우상향한다'라는 희망고문 더하기 '주식은 원금 손실의 위험이 있다'라는 콤비 세트다. 정리하자면, 이 상식은 주식 투자 비중은 나이가 들수록 줄여야 한다고 이해해야 한다. 즉 '주식 투자 비중은 100-나이'라는 상식은 '주식 관련 상품의 투자비중은 100-나이'라고 재구성해야 한다.

4장

인플레이션 시대의
주식

인플레이션이
주식시장에 미치는 영향

인플레이션은 주식과 부동산시장에 악재로 작용할 수밖에 없다. 물가 상승 자체는 죄가 없지만, 이어지는 금리 인상이 투자자들의 발목을 잡기 때문이다. 주식이든 부동산이든 내가 산 값보다 더 비싼 값에 사는 사람이 있어야 가격이 오르는데, 금리 인상은 투자자들의 호주머니를 가볍게 만들어 더 비싼 값에 사는 사람이 줄어들기 때문이다.

성장주에는 악재?

2022년 여름부터 본격화된 금리 인상은 주식시장에서 특히 성장주의 발목을 많이 잡았다. 성장주는 처음에 긴가민가하면서 투자하는 종목이다. 지금은 가능성만 보이고 있지만 언젠가는 화려하게 성장해서 투자자들에게 몇십 배, 몇백 배의 수익을 기대하게 만드는 종목. 주식시장에서 성장주는 초반엔 '밑 빠진 독에 물 붓기'처럼 느껴진다. 구글과 테슬라를 보면 감이 올 것이다.

처음 테슬라가 전기자동차를 만들겠다고 했을 때 '앞으로 눈부시게 성장할 것이다'라고 판단하고 자금을 들이부었던 투자자는 많지 않았다. 주가의 흐름을 보면, 2010년부터 2019년 말까지 주가는 주당 30달러 수준이 최고였다. 2022년 11월 18일 기준 300달러 내외임을 고려하면 10배가 상승한 셈이다. 2022년 8월 테슬라는 액면분할을 실시했다. 기존의 1주를 3주로 나눈 것인데, 이에 따라 주식 가격은 우리가 얼마 전까지 익숙하던 1,000달러에 비해 3분의 1로 줄었다.

액면분할이란 '자본금의 증자 없이 기존 주식의 액면가를 떨어뜨려서 총 주식의 수를 늘리는 것'을 가리킨다. 회사의 총 가치는 변하지 않고 단지 주식의 개수만 늘어난다. 액면분할을 하는 목적은 투자의 장벽을 낮춤으로써 주식 가격 상승의 기회를 얻고자 하는 경우가 많다. 예를 들어 A라는 회사가 주식 100개가 있고 한 주에

50만 원이라면, 이 회사의 가치는 100개×50만 원=5,000만 원이다. 이 회사가 액면분할하여 주식수를 1,000개로 늘리면 한 주에 5만 원이 되어 1,000개×5만 원=5,000만 원으로 회사의 가치는 동일해진다. 다만 한 주에 5만 원이라는 가격은 기존의 50만 원보다 낮아진 가격이므로 투자자들이 좀 더 손쉽게 접근할 수 있다.

투자가 활발해지면 주가가 오르기 때문에 액면분할은 기업 입장에서는 큰 힘들이지 않고 주식 가격을 올릴 수 있는 방법이다. 2018년 삼성전자는 1주당 가격이 250만 원 상황에서 50분의 1로 쪼개는 액면분할을 실시하여 한 주에 53,000원으로 거래되기 시작했다. 이때부터 우리에게 익숙한 10만 전자, 5만 전자가 된 것이다.

다시 성장주 이야기로 돌아오자. 성장주는 잘 투자해 놓으면 회사 규모가 커지면서 주식 가격 성장을 기대할 수 있다. 성장주는 금리가 낮아 돈을 잘 융통할 수 있는 시기에는 '좀 여유가 있으니 해볼까' 하는 투자 수요가 많아진다. 금리가 낮으면 큰 부담이 없으니 성장가능성만 보고 투자해서 결실을 기대할 수 있다. 반대로 금리가 높은 시기에는 갚아야 할 이자도 높아지고, 혹시 나중에 잘 안될 수도 있다는 생각에 성장주에 대한 투자를 주저할 수밖에 없다.

화려했던 성장주의 사례를 보자. 우리나라 대표 게임주 '엔씨소프트'를 보면 2022년 10월 21일 기준, 주당 100만 원이 넘는 1년 전에 비해 지금은 절반 수준으로 가격이 하락했다.

엔씨소프트 주가 추이

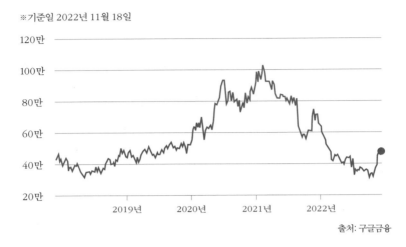

출처: 구글금융

　　주가에 영향을 미치는 요인은 비단 금리뿐만은 아니기 때문에 해당 회사가 금리의 영향으로 하락했는지, 아니면 출시한 게임의 매출이 나빠져서 하락했는지는 따로 따져봐야 하겠지만, 금리가 상승하기 시작한 2022년 중반부터 지속적 하락세를 보인다는 점은 명확하다.

　　전 세계에서 가장 유명한 성장주의 대표주자인 '애플'을 보자. 최근 1년간의 흐름을 보면 2022년 3월 말 170달러에서 금리 인상의 여파로 130달러까지 하락했다가, 다시 8월에 170달러까지 회복했으나 이후 다시 하락하여 주당 150달러 선에 머물러 있는 모습이다.

애플 주가 추이

※ 기준일 2022년 10월 21일

출처: 구글금융

성장주는 '앞으로 눈부신 성장과 주가 상승을 이뤄낼 것이라는 희망'이 바탕이 된다. 투자자들과 투자회사들 입장에서는 곳간이 어느 정도 넉넉해야 투자를 해볼 수 있고, 지금 당장 먹을 것이 없어도 인내할 수 있다. 하지만 금리 인상은 인내심을 고갈시킨다. 지금뿐 아니라 앞으로도 계속 금리가 인상되어 더 배가 고파질 텐데, 차라리 나중을 기약하고 우선은 투자한 자금을 빼자는 생각을 하도록 만들기 때문이다. 이에 따라 주식 가격은 더 떨어진다.

여기까지 설명하면 '앞으로 성장주에는 투자하면 안 되겠구나' 라고 생각하는 사람도 있을 것이다. 하지만 그렇지 않다. 인플레이션으로 인한 성장주의 하락은 오히려 성장주에 투자할 수 있는 좋은 기회다. 가격이 쌀 때 쟁여둘 수 있기 때문이다. 물론 주의사항이 있다. 앞으로 성장 동력을 회복해서 금리가 낮아졌을 때 다시 성장을 시작할 회사인지, 금리가 낮아져도 제대로 회복을 못할 회사인지 판단해야 한다는 점이다(자세하면서도 개인적인 투자 의견은 154쪽에 따로 정리해 두었다).

가치주는 안전할까?

금리 인상이 날카롭고 예리한 칼로 성장주만 상처 내는 것은 아니다. 실적을 기반으로 하는 가치주 투자에서도 악재로 작용한다. 가치주 투자는 실적을 기반으로 회사가 앞으로 꾸준히 이익을 낼 수 있을까를 판단해야 하는데, 금리 인상으로 기업과 개인들의 주머니가 얇아지면 어느 기업이든 매출이 줄어들 수밖에 없다. 매출이 줄어든 기업에서 이익이 성장하는 걸 기대하기는 어렵다. 성장주와 마찬가지로 가치주 역시 금리 인상은 결코 환영할 만한 상황은 아니라 할 수 있다.

금리 인상으로 경제 상황이 불황기에 접어들면 투자자들은 조금 더 안전한 투자처를 찾는다. 불황기에 주식시장에서 나름 안전하다고 할 수 있는 종목은 식료품이나 은행 업종이다. 경제 상황이 좋다 해서 하루 세 끼 식사를 다섯 끼로 늘리지 않듯, 경제 상황이 나쁘다 해서 하루 한 끼만으로 살아가지는 않기 때문이다. 즉 필수적인 소비 업종은 경제가 불황이라도 꾸준한 매출과 이익을 확보할 수 있다. 은행업 역시 불황기에 주목받는다. 업종 특성상 적어도 손해 보는 장사는 안 하기 때문이다.

성장주와 가치주를 알아야 투자가 쉽다

주식 투자를 할 때 가장 먼저 선택할 것은 가치주와 성장주 중에서 무엇을 고를까 하는 것이다. 가치주는 쉽게 말해 '지금은 저평가 되어 있지만 앞으로 제값을 받을 회사'를 가리키고, 성장주는 '지금보다 앞으로 훨씬 더 비싸게 몸값을 인정받을 수 있는 회사'를 가리킨다. 물건을 살 때 할인을 많이 받는 실속형 쇼핑을 할 것인가, 아니면 비싸더라도 한정판 제품을 살 것인가의 차이다. 참고로 회사가 '우린 가치주입니다.' 또는 '우린 성장주입니다'라고 자신들을 규정하지 않는다. 자동차회사는 자동차를 만들어 팔고, 제약회사는 좋은 약 개발해서 파는데, 투자하는 사람들이 자신들의 기준에 맞춰 '이 회사는 성장주, 이 회사는 가치주' 이런 식으로 분류하는 것이다. 다시 말해, 정해진 기준이 따로 없다는 뜻이다. 어떤 사람에게 A회사는 가치주고 B회사는 성장주다.

한 회사가 있다. 회계장부를 꼼꼼히 들여다보고 이런저런 평가 기준을 통해 회사 가치를 평가해 보니 한 주에 10만 원은 받을 수 있는 회사다. 만일 이 회사의 주식이 현재 5만 원에 거래되고 있다면 이 회사는 가치주 투자에 맞는 회사다. 한 주에 10만 원을 받을 수 있는데 5만 원에 살 수 있으니 단순하게 보면 50% 할인행사 중인 제품이라 할 수 있다.

가치주 투자는 저평가된 주식을 찾는 투자 방법인데, 문제가 있다. 투자자들이 너무 똑똑해져서 모두 비슷한 지표를 기준으로 한다는 점이다. 어떤 회사의 주가 수준이 저평가되어 있는지 판단하려면 ROE, PER, PBR(이에 대해서는 145쪽부터 설명되어 있다) 등 몇 가지 지표를 사용한다. 이런 지표는 나만 보는 것이 아니라 남도 본다. 내가 보기에 가치주면 남들이 보기에도 가치주라는 뜻이다. 특히 요새는 컴퓨터와 AI의 발달로 프로그램 매매라 하여 일정 기준이 되면 기계들이 알아서 주식을 사고판다. 그 회사의 주식 가격이 현재 5만 원이지만, 적정 가격은 10만 원이라고 계산된다면 기계들이 알아서 99,000원 될 때까지 서로 사고팔면서 가격이 올라가는 것이다. 그것도 프로그램을 통한 빛의 속도로 말이다.

하지만 너무 좌절하지는 말자. 회계장부는 과거만 기록하므로 미래 전망은 기계가 하지 못한다. 가치주에 투자하고 싶다면 회계장부를 잘 파악하고 해당 회사가 앞으로도 장사를 잘 할 수 있을지 판단하면 된다.

그렇다면 성장주는 뭘까? 명품에 빗대어 얘기해 보자. 명품은 비싸다. 심지어 1년에 한두 번 값을 올린다. 중고품이라 해도 신상과 비슷하게 시세가 형성된다. 주식시장에서 성장주도 이와 비슷하다. 지금은 좀 비싸 보인다. 잠시 망설이면 더 비싸진다. 샤넬 가방의 가격을 정할 때 '원가가 얼마인데 여기에 마진 조금 붙여서 얼마에 팔면 적당하다.' 이런 식으로 계산하지 않는다. 샤넬이기 때문에 가격이 더 오르기 전에 매장에 가서 무조건 사야 한다.

성장주는 회계장부를 보고 판단하는 경우는 별로 없다. 대신 이 회사의 성장성이 어느 정도인지를 판단한다. 코로나19로 비대면 회의가 많아진 뒤 'ZOOM'의 주식 가격을 예로 들어보자. 2020년 11월 20일 기준 줌의 가격은 400달러를 넘었다. 이 회사는 불과 1년 전인 2019년 11월에는 70달러 내외였다. 무엇이 이 회사의 주가를 이토록 올렸을까? 코로나19로 비대면 회의가 많아질 테니, 이

ZOOM 주가 추이

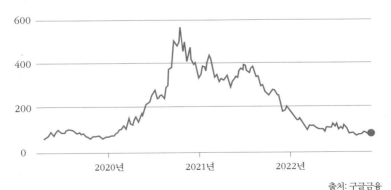

※기준일 2022년 11월 18일

출처: 구글금융

회사는 앞으로 매출도 오르고 많이 성장할 것이라는 기대감이 반영된 결과라 할 수 있다.

참고로 이 회사는 2020년 10월 중순에는 주당 559달러로 최고가를 기록하기도 했는데, 이후 코로나백신의 개발 소식이 전해지면서 오히려 주가 하락을 겪었다. 백신이 개발되어 배포되면 더 이상 비대면을 하지 않을 것이라는 예측이 작용한 결과다. 성장주는 시류의 흐름을 잘 타면 몇 배의 주가 상승도 가능하지만, 반대로 시류가 희망대로 흐르지 않는다면 손실 가능성도 크다고 할 수 있다. 한때 한 주에 400달러를 넘던 이 회사가 2022년 11월에는 80달러 수준에 머물고 있다. 백신 개발과 코로나19의 확산세가 둔해지면서 비대면 회의의 수요가 줄어들었고, 여기에 결정적으로 미국이 금리까지 올리면서 큰 폭의 하락세를 보이고 있는 것이다.

성장주의 대표적인 또 하나의 실패 사례가 '니콜라'다. 미국의 수소자동차 설계회사로 승용차에 테슬라가 있다면 트럭에는 니콜라가 있다는 식의 경쟁구도까지 형성되었던 회사다. 매연을 뿜어대는 트럭에 수소자동차 기술을 접목하여 친환경 트럭을 개발하는 회사인데 2020년 6월 나스닥에 상장되었을 때 주당 60달러를 넘기도 했다. 문제는 이후 기술 진전을 보여주지 못했고, 과연 기술이 있는지 자체도 의심받는 상황에 처했다는 점이다. 수소자동차 개발회사인데 배터리 기술, 수소 생산 능력이 전혀 없다는 의혹이 제기된 것이다. 이후 주가는 20분의 1 토막까지 하락했다. 현재 새로운 경영진이 기업이 되살려보겠다고는 하지만, 시장은 전적인 신뢰를 보내는 것 같지 않다. 주당 3달러 아래의 주가 흐름이 이를 보여준다. 이 회사는 성장주라서 하락했다기보다는 시장의 신뢰를 잃은 측면이 크다. 거짓말하는 회사라는 이미지가 투자에 얼마나 부정적인 영향을 주는지 알 수 있다.

니콜라 주가 추이

※기준일 2022년 11월 4일

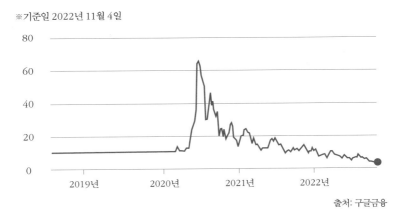

출처: 구글금융

가치주에
입문하기

    가치주를 알아본다는 것은 저평가된 주식을 찾는 과정이라 할 수 있다. 과연 어떤 주식이 저평가되었을까, 확인해 보는 것이다. 내가 보기에 5만 원은 충분히 받을 수 있는 주식인데 2만 원에 거래되고 있다면 '저평가'된 주식이라 할 수 있다. 그렇다면 주식의 가치를 판단할 수 있는 지표가 따로 있을까? 물론 있다. 이 지표들을 보면서 적정 가격을 판단하는 기준으로 잘 활용해 보기 바란다.

주식의 가치 판단 기준

● 주당순이익EPS, Earning Per Share

EPS는 주식 투자를 하는 사람이라면 가장 많이 듣고 보는 용어다. 한번 개념을 잘 잡아두면 죽을 때까지 잘 사용할 수 있다. 먼저 EPS는 어떻게 조합된 단어인지 보자. '이익'을 뜻하는 Earning(가끔 뉴스에서 '어닝서프라이즈'라 해서 예상보다 이익이 많이 남았다고 할 때의 그 '어닝'이다), '~당'을 뜻하는 Per, 그리고 '주식'을 가리키는 Share로 구성된 약어다. 풀어보면 각 주식당 Earning, 즉 '주당순이익'이라 해석되는데 익숙해지면 입에 잘 붙을 것이다.

EPS를 구하는 식은 간단하다.

$$주당순이익 = \frac{당기순이익}{발행주식수}$$

그럼 한번 계산해 보자. A는 100주로 구성되어 있는 회사다. 이 회사의 올해 이익이 500만 원이라면 EPS=500만 원/100주로 계산해서 주당 5만 원, 즉 EPS=5이다. 이 회사의 올해 이익이 700만 원이라면 700만 원/100주가 되니 주당 7만 원, EPS=7이 된다. '이익'은 클수록 좋으니 EPS는 높을수록 좋다. A회사와 B회사의 주식이 동일하게 10만 원인데, A회사의 EPS는 5.0이고 B회사는 7.0이라면 B회사가 투자하기에 더 좋은 회사라고 할 수 있다.

- 주가수익비율PER, Price Earning Ratio

PER은 주식 1주로 얼마의 수익을 보느냐를 가리키는 지표다. 주식 가격, 즉 '주가'를 가리키는 Price, '이익'을 가리키는 Earning의 비율Ratio을 나타낸다. PER은 주가를 주당순이익으로 나누어서 구할 수 있다.

$$주가수익비율 = \frac{주가}{주당순이익}$$

A회사는 현재 주가가 10만 원인데 1주당 순이익이 1만 원이고, B회사는 주가는 같지만 1주당 순이익이 2만 원이라면 B회사가 투자하기에 조금 낫다고 볼 수 있다. 이를 PER 값으로 비교해 보자. A회사의 PER=10만 원/1만 원으로 계산하여 10.0이고, B회사의 PER=10만 원/2만 원으로 계산하여 5.0이 된다.

언뜻 PER가 높으면 좋은 것으로 오해할 수 있는데, 이 값은 낮을수록 좋다. PER을 '원금 회복 기간'이라고 이해하면 쉽다. A회사는 내가 주식을 10만 원으로 1주를 산 다음 주당순이익만으로 원금에 도달하려면 10년이 필요하고, B회사는 같은 경우 5년이면 된다고 생각해 보자. 원금 회복은 빠르면 빠를수록 좋은 것이니 PER 값이 작을수록 투자 원금 회수 기간이 짧아진다고 보는 것이다.

일반적으로 PER은 10을 기준으로 하는 경우가 많다. PER이 10이면 '보통', 그보다 높으면 '불량', 낮으면 '양호'로 보는 것이다. 다만 세상일은 교과서대로만 흐르지 않는다. 2020년 5월 28일 기준으로 '삼성전자'의 PER은 16.02를 기록했다. 10보다 높으니 원금 회복도 느리고 나쁜 주식 아닌가 생각하는 일은 없도록 하자. 이 세상 주식들이 PER만 가지고 평가되지는 않기 때문이다. 판단의 좋은 기준이기는 하지만 절대적이지는 않다는 점을 기억해야 한다.

• 주당순자산가치BPS, Book-value Per Share

Book-value는 회계장부상 '자기자본'을 가리킨다. 마켓밸류Market value가 '시장가격'을 뜻한다는 점에서 비슷하지만 미세하게 다르다고 볼 수 있다. Per는 '~당', Share는 '주식'을 가리키니 조합해 보면 주식 1주Share당 '순자산가치Book-Value'라고 이해할 수 있다.

$$주당순자산가치 = \frac{기업의\ 순자산}{총\ 주식\ 수}$$

쉽게 풀어보자면 BPS란 '1주당 최소 원가'라고 보면 편하다. 주식 100주로 구성된 주식회사 C가 있다고 하자. 이 회사가 경기 부진으로 회사를 접으면서 빚 다 갚고, 재고 처분도 다 하고 난 뒤 200만 원이 순수하게 남는다면 C회사의 BPS는 2만 원이다. 순자산 200만 원/주식수 100주로 계산하면 된다. 주식 관련 책에서는 BPS를 1주당 가격이 기업의 순자산 대비 얼마의 가치를 가지고 있는지 보여주는 지표라고 설명하는 경우가 많은데, 잘 와닿지 않으므로 이렇게 쉽게 풀어보았다.

BPS는 이 회사가 망하고 떠날 때 최소 1주에 얼마의 원가를 인정받을 수 있는가를 나타낸다. 2020년 9월 '삼성전자'의 BPS는 39,446원이다. 즉 그럴 가능성은 거의 제로지만 삼성전자가 어느 날 회사를 접는다면 빚 갚고, 공장부지나 공장기계 처분하고 남는 돈이 1주에 4만 원쯤 된다는 뜻이다.

BPS는 투자자들에게 마음의 평화를 안겨주는 아주 소중한 지표이기도 하다. 지금 A회사가 2만 원인데 BPS는 5만 원이라면 원가 이하에서 거래되는 셈이기 때문이다. 실제 사례를 보자. 2020년 11월 24일 기준으로 'LG전자'의 BPS는 86,845원인데, 주가는 88,600원이었다. 만일 LG전자의 주가가 하락하여 3만 원이나 4만 원이 된다 해도 투자자들은 안심해도 된다. 원가는 86,000원이 넘기 때문이다. 마음의 평화가 온다는 말이 꼭 들어맞는다.

문제는 BPS 아래로 거래되는 회사들이 있다는 것이다. '포스코'

를 보자. 포스코의 BPS는 555,827원이다. 즉 원가는 55만 원을 넘는데, 시세는 244,500원으로 25만 원을 넘지 못했다. 경제불황의 심각한 여파를 보여주는 상황이라 생각해 볼 수 있다. 포스코에 투자한 투자자들은 적어도 원가는 55만 원이 넘는다는 점을 위안 삼아 마음의 평화를 얻어야 한다.

• 주가순자산비율PBR, Price to Book Ratio

PBR이란 앞서 보았던 BPS와 주가와의 비율이라 보면 된다. '주가'를 뜻하는 Price와 '회계장부Book', 즉 장부가치의 비율ratio이라고 해석할 수 있다.

$$주가순자산비율 = \frac{1주당\ 주가}{1주당\ 순자산}$$

예를 들어보자. A라는 회사의 순자산(원가)이 1만 원인데, 현재 주식은 2만 원에 거래된다면 PBR=2만 원/1만 원=2가 된다. 원가의 2배에 거래되고 있는 셈이다. 이번에는 똑같이 순자산은 1만 원으로 동일한데 주식은 8,000원에 거래되고 있다면 PBR=8,000원/1만 원=0.8이 된다. 슬슬 감이 올 것이다. 다시 말해 PBR은 원가 대비해서 주가가 몇 배로 형성되었는지 보는 지표라 할 수 있다.

PBR은 보통 1을 기준으로 한다. PBR이 1이라면 1주당 가격이 청산가치(BPS)와 같은 것이니 원가 그대로 지불하는 셈이고 PBR이 1을 넘으면 원가보다 비싸게 사는 셈이다. 반대로 PBR이 1 아래라면 원가보다 싸게 사는 것으로 볼 수 있다.

PBR의 위엄을 보자. 2020년 5월 28일 기준으로 '삼성전자'의 주식은 50,400원으로 PBR은 1.32배였고, 'LG전자'의 주가는 58,500원으로 PBR은 0.69배였다. 삼성전자 주식은 원가보다 32% 비싸게 사는 것이고, 반대로 LG전자는 원가보다 31% 할인받아 사는 셈이었는데, 주가의 흐름은 다음과 같다.

삼성전자
KRX: 005930

67,700 KRW +200(0.30%) ↑
11월 24일 오후 3:30 GMT+9 면책조항

LG전자
KRX: 066570

88,600 KRW −600(0.67%) ↓
11월 24일 오후 3:30 GMT+9 면책조항

| 1일 | 5일 | 1개월 | 6개월 | YTD | 1년 | 5년 | 최대 |

7만

58,500 KRW 2020년 5월 28일

6만

5만

4만

결과적으로 LG전자는 58,500원에서 88,600원으로 30,100원 올라 51%의 상승을 기록했고, 삼성전자는 50,400원에서 67,700원으로 17,300원 상승하여 34% 상승했다. 쇼핑할 때 좋은 물건을 싸게 사려면 가격 비교는 필수다. 주식 투자에서 좋은 주식을 싸게 사려면 원가 비교는 필수다. 다시 한번 정리하자. 육식 재테크하겠다고 아무 주식이나 막 사놓고 무작정 기다려서는 안 된다. 원가 이하로 할인 많이 받는 주식에 과감히 투자하는 것, 이것이 진짜 육식 재테크다.

• 자기자본이익률$^{ROE,\ Return\ on\ Equity}$

Equity는 '자기자본'을 뜻하는데, 이를 이익^{Return}으로 나눌 때 어떻게 되는지를 판단하는 지표가 ROE다.

$$자기자본이익률 = \frac{당기순이익}{자본총액}$$

A회사를 자본금 1억 원으로 창업했는데, 올해 결산해 보니 1,000만 원의 이익을 냈다면 ROE=1,000만 원/1억 원=10%가 된다. 그다음 해에 장사가 더 잘 돼서 1,500만 원의 이익을 남겼다면 ROE=1,500만 원/1억 원=15%로 증가한다. 쉽게 이해하려면 ROE를 자동차 연비와 같다고 생각하면 된다. 같은 휘발유 1리터로 어떤 자동차는 5Km를 가는데 어떤 자동차는 하이브리드 기술을 이용하여 1리터로 20Km를 가기도 한다. 이와 마찬가지다. A회사는 자본금 1억 원으로 1,000만 원의 이익을 내고, B회사는 같은 자본금으로 2,000만 원의 이익을 낸다면 효율이 더 좋은 회사는 더 많은 이익을 내는 B회사라 할 수 있다. 일반적으로 ROE는 15%를 기준으로 한다. 혹시 ROE가 1%나 2%라면, 그 회사는 장사를 접고 은행에 돈을 넣어야 한다. 적어도 은행이자보다는 더 벌어야 하니까 말이다.

● 총자산이익률ROI, Return on Investment

'이익'을 뜻하는 Return과 '투자'를 뜻하는 Investment의 조합이다. 즉 투자금으로 얼마의 이익을 내는가를 나타내는 지표로, 간단하게 '수익률'이라고 볼 수 있다. 앞서 본 ROE와 개념적으로 크게 차이가 없다.

$$총자산이익률 = \frac{순이익}{투자비용} \times 100$$

A회사는 100만 원을 투자해서 100만 원의 이익을 더 볼 수 있고, B회사는 100만 원을 투자했을 때 50만 원의 이익만 얻을 수 있다면 효율 측면에서 투자대비 이익이 높은 회사는 A회사이고, 그러니 투자에 더 적합한 회사로 볼 수 있다.

지금까지 가치주를 판단하기 위한 기준을 몇 개 살펴보았다. 너무 복잡하고 어려워서 투자할 맛이 사라진 독자들에게는 좋은 소식이 있다. 지금까지 설명했던 모든 지표는 내가 계산할 필요가 없다는 점이다. 네이버가 계산을 다 마치고 지표값을 깔끔하게 보여준다. 복잡한 계산은 이미 다 되어 있으니 우리가 할 일은 각각의 지표를 보면서 투자 판단을 하는 것뿐이다.

성장주,
너의 정체는?

가치주는 저평가되어 있는 주식이다. 저평가된 주식이다 싶으면 투자바구니에 담아야 한다. 가치주 투자는 이런 식이다. 그렇다면 성장주는 어떨까? 앞으로 성장이 예상되는 회사에 투자하는 방법이다. 성장이란 매출이 늘었다는 의미일 수도 있고, 기술개발에 성공했다는 의미일 수도 있다. 지금 보기에도 좀 비싸다는 느낌이 드는데 앞으로 더 비싸질 것 같은 회사라 보면 된다. 주가를 보면 '주식에 금칠이라도 했나?' 싶을 정도로 비싼 주식이 있는데, 앞으로 더 비싸질 것 같은 주식을 찾으면 그게 바로 성장주다.

성장주는 해당 기업의 지표만 따져서는 돈 아깝다는 생각이 들 수밖에 없다. 자동차로 비유하면 이해하기 쉽다. 최고급 자동차라 불리는 페라리와 포르셰 같은 자동차를 보면, 왜 몇 억씩이나 하는지 이해하기 어렵다. 심지어 문짝이 두 개밖에 없는데도 말이다! 기능만 놓고 보면 포르셰는 제정신이면 사지 말아야 할 자동차다. 그런데 잘 팔린다. 브랜드 가치를 인정받기 때문이다. '애플'도 그렇다. 애플의 BPS를 보면 주당 원가가 4달러도 안하는데 거래되는 가격은 140달러를 넘는다. 애플은 원가 생각하면 투자 못 한다. 테슬라를 보면 더욱 가관이다.

PER이란 주가수익비율로서 주식 1주로 얼마의 수익을 보는가를 확인하는 지표다. 일종의 가성비라 할 수 있는데, 가치주를 판단할 때 보통 PER 10을 기준으로 10이 넘으면 고평가되어 있고, 10을 넘지 않으면 저평가된다고 본다. 테슬라는 어떨까? PER이 무려 1100배다. 10을 넘으면 고평가라 했으니, 그 기준을 적용하면 다른 주식에 비해 100배쯤 고평가된 주식이라 할 수 있다.

테슬라가 비싼 이유는 앞으로 전기자동차의 시대가 올 때 가장 먼저 깃발을 들고 전진해서 시장을 선점할 회사라는 기대가 있기 때문이다. 여기에 더해 전기자동차의 핵심인 배터리 기술력 또한 보유하고 있기 때문에 원가 절감만 잘 되면 이익의 규모가 더 커질 것이라는 기대감이 작용했다고 볼 수 있다. 앞선 사례에서 살펴보았던 니콜라는 가시적인 기술이 없었기에 폭락했지만, 그에 반해 테슬라는 기술력을 '증명'했다는 차이가 있다.

서울 강남의 재건축 대상 아파트를 보자. 일단 너무 비싸다. 비싸도 너무 비싸다. 부동산 시장이 안정세를 보이고 있다고는 하지만, 그럼에도 너무 비싸다. 실물을 보면 실망을 감출 수 없다. 서울 대치동의 은마아파트를 보면 벽에 금이 가 있기도 하고 주차장은 지상주차장에 이중 삼중으로 테트리스하듯 주차해야 한다. 보이는 모습만으로 판단한다면 '다 무너져내리는 이런 아파트가 왜 이렇게 비싸?'라는 생각이 들 수밖에 없다. 그러나 투자의 관점에서 보는 강남 재건축 아파트는 지금 여기에 주차장이 잘 되어 있는지, 벽은 튼튼한지가 중요한 게 아니다. 이 낡은 아파트가 재건축 사업이 진행되었을 때 새로 들어설 아파트는 어떤 모습일지, 그때는 가격이 어느 정도에서 형성될지를 기대하면서 접근해야 한다.

성장주도 이와 비슷하다. 지금 원가를 따져서 비싸다 아니다를 판단하면 안 된다. 아니, 아예 원가를 생각하면 안 된다. 원가는 가치주에서 실컷 따지면 되고 성장주는 '여기가 재건축으로 완성되면'이라는 마음가짐처럼 '저 회사가 앞으로 사업에 성공하게 된다면'의 시각으로 봐야 한다. 그러니 어려울 수밖에 없다. 회계장부에 드러난 수치에 더해 경제 및 사회의 흐름과 연결 지어 투자 포인트를 잡아야 하기 때문이다.

비대면이 늘어나면 화상회의가 많아질 테니 ZOOM에, 밖에 안 나가고 집에서 TV 보는 시간이 늘어날 테니 유튜브에 투자하자는 판단이 서야 한다. 이렇게 사회현상과 이로 인해 수혜를 입을 주식을 골라야 한다. 한번 터지면 화끈하게 벌고, 안 터지면 속절없이 기다려야 한다. 물론 터졌다 꺼지는 성장주 주식도 있다. 성장주는 지표가 없다. '감각'이 있을 뿐이다.

그러다 보니 성장주는 투자자가 천국과 지옥을 오가게 만든다. 수소자동차 업체 니콜라, 피 한 방울로 질병을 진단한다는 '테라노스', 무릎 연골을 되살려준다던 '코오롱티슈진', 항암물질을 만드는 '신라젠'은 투자자들에게 지옥 같은 고통을 주었다. 이들 회사를 믿고 투자했던 수많은 개인 투자자들이 큰 손실을 본 것은 두말할 것도 없다.

성장주는 압박감을 감당할 수 있을 때 시작해야 한다. 예전에 한 선배가 이런 이야기를 한 적이 있다. "쫄리면 빠져." 그렇다. 성장주는 쫄리면 빠져야 한다. 쫄리는 것을 이겨내는 것이 용기가 아니라, 쫄리면 뒤돌아볼 것 없이 빠르게 빠지는 것이 용기다.

배당주의
수줍은 매력

　주식 투자를 할 때 가치주와 성장주만 생각하는 경우가 많다. 대부분의 투자자들이 가치주를 살까 성장주를 살까 고민할 때, 저쪽 구석에서 수줍게 매력을 뽐내는 종목이 있으니, 바로 배당주다.

　배당주란 기본적으로 배당 성향이 높은, 다시 말해 기업의 이익을 주주들에게 많이 나누어주는 회사에 투자하여 매력을 높이는 종목을 가리킨다. 투자자 입장에서 보면 A라는 회사의 주식을 사두었는데, 주식 가격은 둘째 치고 1년에 한 번 거하게 은행이자보다 높은 배당금을 지급해 준다면 매력적일 수밖에 없다. 즉 A회사의 주식을 가지고 있으면 배당금을 받을 수 있다는 것은 투자 매력도 올라가고 주식 가격도 따라서 올라가기 때문에 투자자는 일석이조의 효과를 얻어 보람 있는 투자를 할 수 있다.

그렇다면 '배당'이 무엇인지 알아보는 것이 다음 순서다. 배당이 란 회사가 장사를 잘해서 이익이 많이 남았을 때 그 이익을 회사의 주인, 즉 주주들과 나누는 것을 가리킨다. 배당이 잘되는 기업은 아름답다. 회사가 주주들에게 '저희 회사에 투자해 주셔서 감사합니다'라는 의미로 이익을 나누는 것이니 말이다. 문제는 우리나라 회사들은 아직 이런 나눔을 실천하지 않는다는 점이다. 배당을 얼마나 잘해주는가, 다시 말해 배당 성향의 수치를 보면 우리나라 회사들은 '주식 오르는 것으로 만족하세요' 수준이다. 데이터를 보자.

2017년 기준 글로벌 주요국 배당 성향

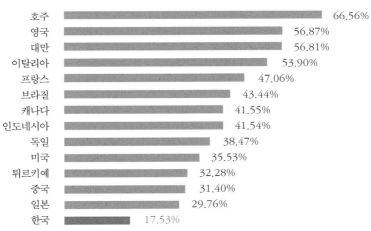

출처: 블룸버그, 삼성증권

글로벌 주요국의 배당 성향을 보면 우리나라가 가장 낮은 값을 기록하고 있다. 기업 입장에서는 당장 올해 돈을 많이 벌었다 해도 내년에도 그만큼 벌 수 있을지 불확실하기 때문에 돈 잔치를 함부로 벌일 수 없다. 그래서 우리나라는 배당을 적게 줄 수밖에 없다.

얼마 전까지만 해도 대부분의 사람들이 배당은 1년에 한 번씩 주는 것이라 알고 있었다. 하지만 미국은 1년에 네 번을 준다. 최근에는 우리나라 기업들도 민심을 파악하고 배당을 많이 높이려는 움직임을 보이고 있다.

이런 주식에서
도망쳐라

　인생에서 하고 싶은 일들을 일명 'To do list' 또는 'Bucket list'라고 한다. 하나씩 이루어가면서 성취감도 느끼고 인생의 의미를 찾는 즐거운 목록이라 할 수 있다. 반면, 하면 안 되는 리스트 역시 있다. 'Not to do list'인데, 주식시장에서는 아쉬움과 미련을 버리고 내 주식바구니나 내 장바구니에서 삭제해야 하는 회사를 가리킨다. 인플레이션으로 인한 금리 상승 시기라도, 저금리로 투자 환경이 좋은 상황이라도 이런 주식을 사면 자칫 고생만 하게 될 수도 있다.

경영진이 주식을 처분하는 회사

항암바이러스 물질 펙사벡을 개발하는 '신라젠'이라는 회사가 있다. 2016년 12월에 코스닥에 상장하고 반년이 지나, 2017년 하반기 들어서면서 펙사벡은 임상3상 착수 소식과 함께 주가가 급등했다. 2017년 11월 21일에는 131,000원이라는 최고가를 기록하기도 했다. 상장 후 1개월 후인 2017년 초에 13,000원 내외였던 주가를 고려하면 10배 넘게 주가가 상승한 회사이기도 하다. 이 회사의 CEO는 2017년 12월 28일과 2018년 1월 2일 그리고 1월 3일 세 차례에 걸쳐 주당 84,000원에 주식 156만 주를 처분해 1,325억 원가량을 챙겼다. 이후 용산의 고급 주택을 65억 원에 매입했다.

여기까지는 문제될 것이 없다. 주가가 올랐으니 팔아서 집도 사고 차도 사는 것은 자유니까 말이다. 참고로 이 회사의 임원들까지 신나게 주식을 팔아치웠다. 수치로는 292만 주에 2,500억 원 정도의 금액이다. 물론 여기까지도 큰 문제는 없다. 주식을 가지고 있다가 팔고 싶어지면 팔 수 있다. 문제는 임상3상의 결과가 '효과 없음'이었다는 점이다. 임상시험 결과를 미리 알고 매도했는지, 정말 임상시험 결과와는 상관없이 주가가 높을 때 매도처분한 것인지는 아무도 모른다. 다만 이런 식으로 경영진이 주식을 처분하는 회사는 가급적이면 투자를 피하는 것이 좋다.

참고로 현재 신라젠은 거래정지에서 풀려나 거래가 되고 있고, 2022년 11월 18일 종가는 1주당 9,740원이었다.

다음으로 '카카오페이'를 살펴보자. 온 국민의 필수 앱 카카오톡의 자회사로 송금과 결제를 하는 핀테크 서비스업체다. 이 회사는 기업공개를 통해 주식 거래가 가능해진 날로부터 영업일 기준 12일 만에 대표이사 포함 경영진 여덟 명이 보유한 주식을 전량 매도했다. 이렇게 얻은 이익이 450억 원쯤 된다니, 여덟 명이 각각 60억 원정도의 수익을 얻은 셈이다. 일명 '카카오페이 먹튀 사건'이다.

카카오페이의 주가는 이 사건 이후 지속적인 하락세를 보였다. 주당 23만 원을 넘던 최고가 순간도 있었지만, 현재는 그 시절의 10분의 1 정도 수준에서 허덕이는 모습을 보이는 상황이다. 경영진도 내다 파는 주식인데 과연 누가 그 회사 주식에 안심하고 투자할 수 있을까. 이런 회사는 금리와 상관없이 앞으로 계속 피하는 것이 좋다.

우연의 일치일까. 2022년은 카카오로 시작하는 회사들의 수난 시대이기도 했다. 카카오뱅크는 최고가 92,000원까지 올랐으나 20,000원 선을 넘기는 것도 힘들어 보인다. 카카오톡 자체도 2022년 10월 데이터센터 화재사고로 하락세를 겪어야 했다.

(아이돌 위주) 연예기획사

엔터테인먼트 회사는 일단 피하는 게 좋다. 특히 아이돌 가수 위주라면 더욱 그렇다. 회사의 매출이나 성과가 나빠서가 아니다. 변수가 너무 많아서다. 기본적으로 연예기획사의 주요 매출과 수익은 소속 연예인들의 활동에 따라 결정된다. 문제는 연예인들 역시 인간이기에 일탈을 하거나 예상치 못한 사회적 사건에 휘말릴 수도 있다는 점이다.

멀쩡하게 영화 잘 찍은 흥행배우가 어느 날 제주도에서 음주운전으로 적발되기도 하고, 서울에서 아침까지 술 마시고 운전한 여배우도 있다. 사람이기에 일탈의 위험이 있다는 점이 연예기획사나 소속사 등에 투자하는 데 리스크 요인으로 작동한다.

'하이브(구 빅히트)'의 예를 들면, 이 회사는 BTS를 주축으로 주요 매출과 수익을 얻고 있다. BTS는 명실상부한 전 세계 최고의 아티스트이기 때문에 그들이 만들어내는 수익 역시 천문학적이라는 점에는 이견을 가질 수 없다. 대략 2년 남짓한 군복무 기간 이후 컴백에 성공해서 다시 하이브의 주가 상승을 이끌어나가리라 예상되지만, 그들의 군복무 기간 동안 하이브는 주가 하락을 피하기 어려울 것이다.

분할하는 회사

잘되는 아이템을 따로 떼어내서 새로 회사를 만드는 것을 '분할'이라고 한다. 분할에는 인적분할과 물적분할이 있는데, 기존 회사의 주주들이 새로 만들어지는 회사에서도 주주의 지위를 가지느냐 아니냐로 구분한다. 인적분할은 기존의 주주들이 새로 만들어지는 회사에서도 여전히 주주의 지위를 가진다. 그렇기에 주주들이 불만을 가질 이유가 별로 없다. 인적분할은 투자자들에게는 큰 문제가 아니다. 반면 물적분할은 투자자와 주주들에게 심각한 문제가 된다. 새로 만들어지는 회사가 완전히 독립된 회사이기 때문이다. 기존의 주주들과 전혀 상관이 없어진다.

물적분할과 인적분할 개념도

출처: KCMI 자본시장 연구원 2022. 7월 이슈보고서

자동차에서 엔진을 빼면 그 자동차가 제값을 받을 수 있을까? 물적분할을 거칠게 표현하자면 기존의 회사는 껍데기만 남고, 알맹이는 새로운 신설기업으로 옮기는 것이라 할 수 있다. 알맹이가 빠진 기존 회사의 주식값이 오르기 힘들 수밖에 없다. 회사 오너에게만 좋은 일이다. 대표적 사례가 'LG화학'이다. 전기자동차용 배터리 사업이 점점 성장하고 황금알을 낳을 것으로 기대되는 시점에서 LG화학은 물적분할을 발표하고 실행했다. 즉 기존 LG화학에서 배터리 사업을 분리해서 'LG에너지솔루션'이라는 회사를 따로 차린 것이다. 기존 LG화학 주주들에게는 날벼락 같은 소식이었다. 2021년 100만 원을 넘기도 했던 LG화학은 이후 지속 하락하여 2022년 10월엔 60만 원 선에서 거래되고 있다. 같은 기간 새로 분사된 LG에너지솔루션은 주당 50만 원 선에서 거래되고 있다.

한 번 배신한 사람은 또 배신한다. 기업도 다르지 않다. 물적분할이 법적으로 금지되지 않는 이상, 기업들은 잘된다 싶은 아이템은 계속해서 분리할 것이다. 어떤 기업이 이런 식의 물적분할을 했는지 잘 살피자. 투자를 피해야 할 회사 목록에 포함시켜야 한다.

물적분할한 회사들이 투자에 있어서 유망할 수는 있다. 그러나 주주의 이익을 보호하는 것이 아닌, 오너의 이익을 보호하는 회사에 굳이 내 돈을 들여 투자해야 할 것인가 생각해 보자. 꼭 그 회사에 투자해야 할 운명적인 이유가 없다면 다른 회사에 투자하는 것이 심리적 안정을 찾을 수 있는 좋은 방법이다.

주요 기업의 사업분할 사례

기업	내용	분할 시기
대림산업	디엘(존속회사)과 디엘이앤씨(신설회사)로 인적분할 디엘은 디엘케미칼 물적분할	2021년 1월
LG화학	전지 사업부문 물적분할(LG에너지솔루션)	2020년 12월
KCC	실리콘 사업부문 물적분할(KCC실리콘)	2020년 12월
㈜한화	분산탄 사업부문 물적분할(코리아디펜스인더스트리)	2020년 11월
CJ올리브네트웍스	헬스&뷰티 사업부문 인적분할(CJ올리브영)	2019년 11월
㈜두산	전자BG 내 동박 사업부문 등 인적분할(두산솔루스) 연료전지 사업부문 인적분할(두산퓨얼셀)	2019년 10월

출처: 인베스트조선, 2020년 9월 23일

시가총액 10조 원 이상 기업의 물적분할 결정 사례

※시가총액 기준: 물적분할 공시 당일 종가

물적분할 결정 기업	분할 설립 회사	분할 년도
NAVER	엔스토어 · 네이버파이낸셜	2018~2019
SK이노베이션	SKIET	

LG화학	LG에너지솔루션	
SK텔레콤	티맵모빌리티	
LG전자	LG마그나 이파워트레인	2020~2021
카카오	멜론컴퍼니	
SK이노베이션	SK온	
POSCO	포스코	

출처: 한국거래소

인플레이션 수혜주
알아보기

그럼 대체 주식은 어떤 걸 사야 하는지 궁금할 것이다. 인플레이션은 기본적으로 주식시장에 악재로 작용하고, 실제로도 대부분의 주식이 하락세를 겪고 있다. 이런 상황에서 과연 투자할 만한 종목이 있을까? 업종별로 괜찮은 한국과 미국 주식, ETF를 알아보자.

유가 상승 수혜주

• 종목(주식)

1. 국내: SK이노베이션 / 현대오일뱅크 / 에쓰오일 / GS칼텍스
2. 미국: Valero Energy(발레로 에너지) / Exxon Mobil(엑슨 모빌) / Shell(셸)

• 종목(ETF)
1. 국내: KODEX WTI원유선물 / KODEX 미국S&P에너지
2. 미국: XLE(Energy Select Sector SPDR Fund) / VDE (Vanguard Energy ETF)

국제유가 상승의 수혜주는 수학공식처럼 정해져 있다. 정유와 가스업종은 직접 수혜를 받는 업종이고, 조선과 태양광업종은 간접 수혜를 입는 업종이다. 정유와 가스업종은 유가 상승에 따라 매출액이 늘어나게 된다. 여기에 더해 정유업종은 수요가 꾸준하다는 장점이 있다. 휘발유나 경유 가격이 오른다고 해도 차는 타고 다녀야 하고, 겨울에는 난방도 해야 한다. 이 세상은 석유 없이 돌아갈 수 없다 해도 틀린 말이 아니기 때문이다. 간접 수혜를 입는 업종은 태양광/조선업종인데 정치권의 입김이 작용하는 영역이라 추천하기는 어렵다.

정유업종의 주가 흐름을 결정하는 두 가지 요인이 있다. 하나는 국제유가 추이, 또 하나는 정제마진이다. 국제유가는 강대국이나 산유국 등의 파워게임과 각국의 역학관계가 얽혀 있어 쉽게 예측하기

어렵다.

먼저 국제유가를 보자. 정유업종은 기름값이 오르면 비용증가분이 판매가격에 반영되어 매출액이 커진다. 2022년에는 유가 1배럴(약 159리터)당 80달러에서 120달러 사이를 오가는 모습을 보였다. 사실 앞으로 국제유가의 흐름이 어떻게 될지는 아무도 모른다. 그럼에도 약간 과장해서 이야기하자면, 정유업은 땅 짚고 헤엄치는 업종이기도 하다. 기름값이 오르면 오르는 대로 판매가격에 반영하면 된다. 주유소를 보면 국제유가가 상승하면 실시간으로 판매가격을 올리고, 하락하면 '재고 소진 후' 판매가격을 낮춘다.

이런 식의 주유소스러운 사업모델이 바로 정제마진이다. 국제유가가 지속적으로 상승하면 정유사들의 판매가격은 현재 기준인데, 사용한 기름은 과거 시세에 맞춰 사두었던 재고분이다. 가격이 낮을 때 사서 높을 때 파는 식이다. 정제마진은 대략 5달러 내외를 손익분기점으로 한다. 즉 정제마진이 10달러, 20달러까지 상승하면 그만큼 정유업계는 이익을 보고 주가 상승으로 이어진다. 정유업계에 투자한다면 국제유가의 흐름이 80달러인가, 정제마진이 5달러 이상인가를 확인해야 한다. 갑작스러운 수요 감소나 정제마진 감소는 정유업종의 주가 하락의 원인이 되기 때문이다. 앞으로도 계속 기름값이 오를 것 같다면 정유업종을 눈여겨보자.

추천 종목으로는 국내의 4개 회사 중에서 자유롭게 선택하면 된다. 힌트를 주자면, 뉴스에서는 국제유가가 상승한다는 소식이 전해지면 뉴스에서는 '에쓰오일'의 주가 흐름을 보여주고는 한다.

미국 정유 관련 주식 종목은 대략 10개 정도 된다. 이중 우리에게도 친숙한 정유회사들을 추천한다. 브랜드가 어느 정도 알려진 회사들을 추천하는 데엔 심리적인 이유도 있다. 생소한 회사라면 투자해 놓고도 어딘지 모를 불안감을 느낄 수 있기 때문이다. 이러한 불안감은 주가가 약간만 하락해도 마음이 급해져서 잘못된 선택과 연결될 수도 있다. 따라서 편안한 마음으로 투자를 이어갈 수 있도록 알려진 회사를 추천했다.

ETF는 국제유가의 흐름을 따라가는 KODEX WTI원유선물과 KODEX 미국S&P에너지를 골라봤다. 우선 WTI원유선물은 국제유가의 흐름과 연동되는 ETF라 보면 되고, 미국S&P에너지는 국제유가에 더해 기타의 에너지 기업들이 일부 포함된 에너지 섹터 ETF다. 원유가격이 급락할지도 모른다는 약간의 불안감이 있다면 WTI 대신 S&P에너지 ETF를 선택하면 좋다.

미국 ETF는 XLE와 VDE를 골라봤는데, '티커'라 불리는 종목 코드만 봤을 때 어떤 투자 방식인지 직관적이지 않다는 약간의 단점이 있기는 하다. XLE는 S&P500의 기업 중에서 정유 및 천연가스 기업들과 연계된 ETF다. 원유의 정제, 추출, 수송 등 관련 산업 ETF라 보면 된다. VDE는 정유/가스 기업의 기본 구성에 더해 석탄, 철강산업도 일부 편입한 ETF다. 아주 약간의 분산투자 개념이 묻어 있다고 보면 된다.

강달러 수혜주

• 종목(주식)

1. 국내: KT&G / 삼성 SDI

2. 미국: 월마트 / 애플

• 종목(ETF)

국내 & 미국: KODEX 미국달러선물

인플레이션으로 인한 미국의 금리 인상이 지속된다면 달러의 가치 역시 강세를 유지할 것이다. 여기에 적용되는 원리는 간단하다. 달러에 대한 수요가 늘어나면 그에 따라 가치가 올라가고 강세가 유지되기 때문이다. 일명 킹달러, 갓달러로 불릴 만큼 달러는 지속적으로 가치 상승하는 모습을 보이고 있다. 이와 같은 달러 강세의 수혜를 입는 업종에는 대표적으로 '수출주'가 있다.

여기서 주의사항이 있는데, 수출주라고 해서 무조건 상승하는 것은 아니다. 다른 곳에서 원자재를 들여와 조립해서 수출하는, 일명 '단순조립' 업종은 큰 이익을 기대할 수 없다. 달러로 재료를 사와서 달러로 팔기 때문이다. 우리나라 자동차업종 역시 달러의 강세로 환율에 의한 이익을 볼 것으로 많이 예상하지만, 환율 이외의 요인들이 발목을 잡을 수도 있다. 자동차용 반도체 품귀현상으로 주문을 받아도 공급을 못 하는 상황이 당분간 지속될 수 있기 때문이다.

주가의 흐름이 하나의 요인으로 결정된다면 주식 투자가 참으로 쉽겠지만, 그렇지 않다는 것은 잘 알고 있을 것이다. 강달러 관련 뉴스가 나올 때 "그래서 현대, 기아차가 유망합니다"라는 이야기가 이어지는 경우가 많은데, 과연 그럴까 하는 의문이 든다.

우리나라 기업 중, 달러 강세에 의한 수혜 업종을 살펴보자. 국내종목 중에서는 'KT&G'와 '삼성SDI'를 들 수 있다. KT&G는 담배와 홍삼을 위주로 판매한다. 담배와 홍삼을 수출하기도 하는데 실적이 매년 나아지고 있다. 수출물량이 늘어나면서 판매대금을 달러로 받으면 그만큼 기업 실적에 도움이 된다는 뜻이기도 하다. 홍삼도 외국인들이 효능을 인정하면서 실적을 더욱 올려주고 있다고 하니 강달러의 수혜를 입으면서 매출도 늘어나는 선순환 구조가 기대된다.

다음으로 삼성SDI를 보면 미국에 전기차배터리 공장을 세운다는 점이 호재로 작용한다. 공장을 미국에 세우면 달러가 강해지는 만큼 해외에서 원재료를 사올 때 더 싸게 사는 효과가 있다. 환율로 인한 손해를 미리 방지할 수 있다는 점을 감안할 수 있다. 여기에 더해 미국은 인플레이션 방지법을 통해 미국 내 생산된 전기차, 전기차배터리 업체에만 세금 혜택을 주고, 우려국가(주로 중국)에서 생산된 배터리는 세금 혜택에서 제외할 예정이다. 전기차 관련 사업은 완성차든 배터리든 미국 영토 내에서 조립하고 완성해야 한다는 뜻이다. 이런 점에서 전기차베터리 업체 LG에너지솔루션과 삼성 SDI가 미국 인플레이션 감축법안의 수혜기업이 된다. LG 엔솔도 추천해 볼까 잠깐 고민했으나, 물적분할을 통해 주주들을 한 번 울렸던 기업이라는 점에서 군이 '수혜기업' 또는 '투자할 만한 기업'으로 분류할 필요는 없어 보였다.

미국 회사들도 살펴보자. 엄밀하게 이야기하면 미국 회사들은 달러 강세로 수혜를 입을 여지가 많지는 않다. 처음부터 달러를 쓰는 나라이니 해외에서 달러의 가치가 오르거나 내리는 것에 큰 영향을 받지는 않기 때문이다. 그럼에도 유통기업은 환율의 차이만큼 혜택을 얻을 수 있다. 외국에서 물건을 싸게 들여와 자국에서 판매하면 달러가 강해질수록 추가적인 이익을 얻을 수 있기 때문이다.

대표적인 기업으로 '월마트'가 있다. '아마존' 같은 온라인 쇼핑 업체의 성장으로 월마트 같은 기존의 오프라인 소매점은 공룡처럼 사라질 것이라는 예상이 많았으나 실제 결과는 그렇지 않았다. 특히 식료품은 인플레이션과 상관없이 일정하게 판매된다는 특성이 있다. 월마트는 이 식품류에서 안정적인 매출을 이루어냈고, 2022년 8월에는 예상을 상회하는 이익을 발표하기도 했다.

'애플'은 좀 의아하다는 생각이 들 것이다. 달러 강세가 되면 현지에서는 기존보다 더 비싼 값에 아이폰을 사야 하는데 어떻게 달러 강세의 수혜를 입는다는 건지 의아할 것이다. 아이폰이 1,000달러인 경우, 1달러에 1,100원의 환율인 한국에서는 110만 원에 아이폰을 구매할 수 있지만 1달러에 1,500원이 되면 150만 원으로 사야 한다. 애플이 가격을 올리거나 내리지 않고 그대로 1,000달러로 유지한다 해도 환율의 변화, 즉 달러 강세에 의해 미국을 제외한 기타 국가에서는 더 비싼 값에 아이폰을 사는 셈이다. 가격 경쟁력 측면에서 값이 오르면 수요가 줄어든다는 것은 기본상식이다.

그럼에도 애플을 추천하는 이유가 있다. 아이폰은 이미 '가격'이라는 요소를 뛰어넘었기 때문이다. 애국심과 국뽕에 가득 차 있다면 "휴대폰은 당연히 삼성이지"라고 주장할 수도 있지만, 아이폰은 신앙 같은 존재다. 감히 안 팔릴지도 모른다고 의심하면 안 된다. 아이폰은 매번 신제품을 발표할 때마다 '이번에 혁신은 없었다'는 비판을 받지만 매번 최고 판매량 기록을 달성한다. 경제 상황이나 환율 변동에 상관없이 아이폰은 언제나 가장 잘 팔리는 베스트셀러다.

애플의 주가는 조금 떨어질 수도 있고 폭락할 수도 있다. 그럼에도 추천하는 이유는 간단하다. 스마트폰에서 더 나은 대안이 없기 때문이다. 2022년 10월, 카카오톡의 데이터센터 화재로 잠시 서비스가 안 될 때 우리는 알게 되었다. 독점기업의 무서움을 말이다. 애플은 스마트폰에서 독점적 지위에 있다 해도 틀린 말이 아니다. 애플은 사놓고 발 뻗고 잘 수 있는 몇 개 안 되는 주식 종목이다.

ETF를 보자. 달러 강세의 수혜를 입는 ETF는 여러 가지가 있을 수 있다. 그중 가장 직관적인 ETF를 골라봤다. 바로 달러가 얼마나 강세인가를 따져서 달러가 강해질수록 수익률이 오르는 ETF다. KODEX 미국달러선물 ETF가 그것이다. 어제보다 오늘 원/달러 환율이 올랐다면 그만큼 수익률을 얻는 ETF다.

혹시 달러가 약세로 전환될 것이라는 예측에 돈을 걸고 싶다면 KODEX 미국달러선물과 정확히 반대로 움직이는 'KODEX 미국달러선물인버스'라는 상품도 있다. 앞서 보았던 KODEX 미국달러선물이 달러 강세에 따라 이익을 얻는 상품인 것에 비해, 끝에 인버스가 붙은 KODEX 미국달러선물인버스 상품은 달러 강세에는 손실을 보고, 달러가 약세로 돌아서면 그만큼 이익을 얻는 상품이다.

이 상품은 그다지 추천하고 싶지 않다. 그간 원/달러 환율이 상승할 때마다 '이제 내릴 때가 된 것 같다'라고 판단했던 수많은 투자자들이 지속적인 달러 강세로 손해만 봤기 때문이다. 달러를 사면 지금보다 앞으로 이자를 더 많이 쳐준다는데 달러에 대한 수요가 줄어들 것이라 보기 힘들다. 모든 뉴스에서 '드디어 미국 기준금리 하락'이라는 헤드라인을 보지 않는 이상, 달러는 금리가 오르는 동안 계속 강세를 유지하고 더 강해질 것으로 보인다.

인플레이션/금리 인상 실망주

지금까지 간략하게 인플레이션과 금리 인상의 수혜를 받는 업종을 살펴봤다. 여기에 더해 한 가지를 추가하고자 한다. 보통의 상식선에서 보면 분명히 수혜주로 분류될 것 같은데 실제로는 오히려 주가 하락의 위험이 큰 업종들이다.

• 은행주

우리나라의 은행업종은 상식에 의하면 금리 인상의 수혜주로 분류된다. 한국은행이 기준금리를 올리면 그만큼 대출금리에 반영하면 되니까 은행은 손해 볼 일이 없다. 금리를 올린 만큼 대출이자를 더 받을 수 있으니, 금리가 오르면 오를수록 은행들은 더 많은 이익을 본다. 실제 2022년 말에는 은행들이 이자장사(예대금리)를 이용해서 너무 많은 이익을 쉽게 얻는 거 아니냐는 각계의 비판이 이어지기도 했다.

여기까지만 보면 '은행주에 투자하면 수익을 볼 수 있겠다'라고 판단할 수도 있다. 이런 흐름에 제동을 거는 것은 정치권이다. '은행들 돈놀이한다고 서민에게 과중한 이자 부담을 지우는 것은 옳지 않다'라는 바른말에 은행들이 마땅히 반박할 수 없기 때문이다. 은행들은 '기준금리가 오르니 은행 대출이자도 오를 수밖에 없는 거 아니냐'고 항변할 수도 있지만 감히 그럴 수는 없다.

정치인들이 은행을 향해 탐욕스러운 이자 장사를 그만두라고 하면 그만둘 수밖에 없다. 이것 말고도 또 다른 위험요인이 있다. 오른 금리를 감당하지 못하는 경우가 많아질 수도 있다는 점이다. 아직 미국이 본격적으로 금리를 올린 것도 아닌데 우리나라에서는 벌써 '영끌족에게 턱밑까지 차오른 대출 부담'이라는 식의 이야기가 나오고 있다. 인플레이션과 금리 인상은 은행업종에 좋은 일이기는 하지만 투자에 있어서 마냥 좋지만은 않다.

• 자동차

현대차나 기아차는 달러 강세의 수혜를 입는 업종으로 분류된다. 수출물량이 달러로 결제를 받으니 달러 강세의 영향으로 추가적인 이익을 얻을 수 있다는 이유다. 맞는 말이다. 다만 물량이 문제다. 앞서 간략하게 설명했던 것처럼 주문을 제대로 처리할 수 없는 상황이 금방 끝날 것 같지는 않기 때문이다. 자동차용 반도체 수급 문제는 당분간 지속되지 않을까 싶다.

반도체 문제에 조금 더 깊이 들어가보자. 항상 가격이 문제다. 반도체업체 입장에서는 자동차용 반도체를 팔면 10% 이내의 이익을 얻는다. 자동차가 아닌 다른 분야용 반도체는 이익률이 20% 내외다. 내가 반도체업체의 경영진이라면 당연히 자동차가 아닌 다른 업종에 반도체를 판매하고 싶을 것이다. 주문을 받아도 가장 후순위로 처리하는 것은 물론이고 말이다. 현재 자동차 주문이 밀려 있는 것은 판매가 지나치게 잘 돼서 공급이 부족한 것이 아니라 반도체가 부족해서다. '주문이 많이 밀려 있다'라는 말에 현혹되면 안 된다.

지금까지의 내용을 정리해 보자. 인플레이션이 발생하고 이를 잡기 위해 금리를 올리는 과정은 주식시장에 상당한 악재일 수밖에 없다. 주식 투자를 할 때 두려움이 생기는 건 어쩔 수 없지만, 세일을 많이 할 때 미리 사두겠다는 마음가짐으로 접근하면 된다. 나중에 오르면 사겠다고 생각할 수도 있지만, 실제로 주가가 오르면 옛날 주가가 생각나서 망설이게 될 것이다.

미국 배당주 정보 얻기

미국 주식의 배당에 대한 정보 제공 3대장 사이트가 있다. 야후파이낸스(finance.yahoo.com), 인베스팅닷컴(investing.com) 그리고 디바이든드닷컴(Dividend.com)이다. 동일한 내용에 대해 표시되는 방식만 다르기 때문에 각자의 취향에 맞게 하나의 사이트를 선택하면 된다. 개인적으로는 배당주에 대한 자세한 내용을 확인하고자 한다면 디바이든드닷컴을 추천한다. 너무 복잡하지 않게 배당주 선택에 필요한 정보들을 간략하게 보여줘서 선호한다. 각 사이트를 하나씩 살펴보자. 사이트는 2022년 12월 26일 기준이다.

• 야후파이낸스 yahoo finance

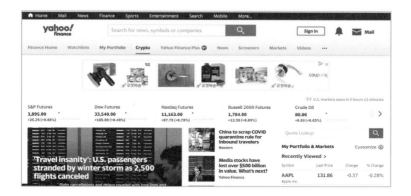

사이트에 들어가면 이런 화면이 나온다. 정보가 너무 많이 표시되어 어디에 눈을 두어야 할지 난감할 수도 있는데, 관심종목을 검색하고자 한다면 검색창에 기업 이름을 입력하면 된다.

예시를 위해 AAPL(애플)을 입력해 보았다. 애플 관련된 정보가 정리되어 표시된다.

왼쪽에 기본 정보가 표시되고 오른쪽에는 차트가 보인다(PER, EPS 등의 용어는 145쪽에서부터 정리되어 있다).

　　왼쪽 기본 정보부터 살펴보자. 우선 큼직하게 보이는 At Close 131.86은 오늘 마감가격(종가) 및 비율, 그 옆에 After hours 131.69는 주식시장 마감 후 시간 외 거래 가격이다. 참고로 Before hours 가격은 거래 시작 전 형성된 가격과 변동폭이다.

　　① Previous Close: 전일종가(어제 마감 가격)

　　② Open: 시작가(오늘 거래 시작 가격-시초가)

　　③ Bid: 매수가(즉시 매수 가능한 가격)

　　④ Ask: 매도가(즉시 매도 가능한 가격)

　　⑤ Day's Range: 일간변동치(오늘 가장 최고가 & 최저가)

　　⑥ 52 Week Range: 연간변동치(52주 중 최고가 & 최저가)

　　⑦ Volume: 거래량

⑧ Avg. Volume: 평균거래량

⑨ Market Cap: 시가총액(Cap은 Capitalization의 약자)

⑩ Beta: 베타계수–시장의 움직임에 대한 주가의 민감도

⑪ PE Ratio: PER(주가수익비율)

⑫ EPS: 주당순이익

⑬ Earning Date: 실적발표일

⑭ Forward Dividend & Yield: 배당금 & 배당수익률

⑮ Ex-Dividend Date: 배당락일(이 날짜 이전에 가지고 있어야 배당 받음)

⑯ 1y Target Est: 연간 목표주가

배당주 정보를 얻기 위한 3개의 사이트(야후파이낸스, 인베스팅 닷컴, 디바이든드닷컴) 중 야후파이낸스를 제외한 다른 두 곳은 자동 으로 한국말 번역이 되는데, 아쉽게도 야후파이낸스는 그렇지 않다. 그럼에도 필요한 정보가 잘 정리되어 있으니 한번 익숙해지면 큰 어려움 없이 사이트를 이용할 수 있을 것이다.

• 인베스팅닷컴investing.com

인베스팅닷컴은 실시간으로 미국 주식을 확인할 수 있는 사이 트다. 우리나라 증권사들 앱은 실시간 대비 15분 늦게 표시되는 점 을 고려하면 실시간으로 가격을 확인할 수 있는 기능은 참 고맙다.

인베스팅닷컴의 그래프는 각종 경제뉴스에서도 인용한다. 일명 그래프 맛집이다. 다만 구글로 접속하면 애드블럭을 해제해 달라거나 회원가입하겠냐고 끈질기게 물어봐서 약간의 인내심이 필요하다. 정보가 한 화면에 다 들어오지도 않는다. 한눈에 필요한 정보를 다 보여주지 않는 약간 불친절한 사이트인데, 그럼에도 그래프가 잘 되어 있으니 자주 방문해 볼 가치가 있다.

사이트의 검색창에 AAPL을 넣어보면 이렇게 자동번역된 화면이 나온다. 적중률 90%의 자동번역이기 때문에 내용 파악에 전혀 무리가 없다.

검색 후 나오는 화면을 보자. 화면 상단에는 주가현황(오늘 종가 131.86달러)라는 것과 어제에 비해 변동된 가격(0.37달러 하락)과 비율(0.28% 하락)이 나온다. 이어서 나오는 화면은 그래프와 함께 기업의 기본 정보다.

전일 종가	132.23	금일 변동	129.64 - 132.41	매출	394.33B
금일 시가	130.92	52주 변동폭	129.04 - 182.94	주당순이익	6.15
거래량	63,673,529	총 시가	2.1T	배당금	0.92 (0.70%)
평균 거래량	86,413,741	주가수익비율	22.17	베타	1.22
1년 변동률	-25.2%	발행주식수	15,908,118,000	다음 실적 발표일	2023년 1월 26일

화면에는 기본 정보가 번역되어 있다. 혹시 번역이 안 되는 경우를 대비해서 영문과 함께 정리했다. 번역되는 용어인 관계로 의미는 통하지만 정확하지 않은 경우가 있으니 감안하기 바란다.

① Prev. Close: 전일종가

② open: (금일 시가) 시작가

③ Volume: 거래량

④ Average Vol.(3m): 평균거래량

⑤ 1-Year Change: (1년 변동률) 연간변동률

⑥ Day's Range: (금일 변동) 일간변동치

⑦ 52 wk Range: (52주 변동폭) 연간변동치

⑧ Market Cap: (총 시가) 시가총액

⑨ P/E Ratio: 주가수익비율

⑩ Shares Outstanding: 발행주식수

⑪ Revenue: 매출액

⑫ EPS: 주당순이익

⑬ Dividend(Yield): 배당금 / 배당수익률

⑭ Beta: (베타) 베타계수

⑮ Next Earnings Date: (다음 실적발표일) 차기 실적발표일

인베스트닷컴의 그래프는 아주 편하고 직관적으로 상황을 파악할 수 있어서 미국 주식 차트 보는 걸 좋아하는 투자자들에게 적당한 사이트라 할 수 있다. 약간 아쉬운 점은 배당에 대한 정보는 13번 항목에 짧게 표시되는 것으로 끝난다는 점이다.

• 디바이든드닷컴Dividend.com

배당주에 대해 가장 자세한 정보를 얻을 수 있는 사이트다. 다른 사이트는 기업의 주가를 그래프로 그려주는 데 그치지만, 디바이든드는 배당에 대한 그래프까지 그려준다.

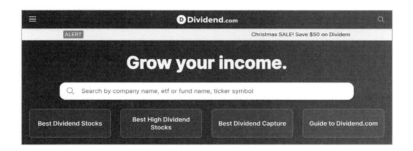

사이트에 들어가면 상단에 흰색 바탕의 검색창이 나온다. 여기에 AAPL을 넣어보자. 여기서 잠깐, 검색창을 클릭하면 화면이 전환된다. 처음 방문하면 여기서 당황하는데, 아래 그림이 기업 검색을 하는 진짜 검색창이다.

여기에 AAPL을 입력하면 아래와 같은 이미지가 뜬다.

배당금이라는 사이트 이름에 맞게 가장 상단에 배당금 내역이 표시된다. 주식가격은 131.86달러, 배당금Dividend (FWD)은 0.92달러, 배당수익률Yield (FWD)은 0.70%라는 뜻이다.

바로 이어서 Dividend Data / Stock Data 항목과 배당금 그래프 이미지가 나온다.

화면 왼쪽 메뉴에 Dividend Data가 있고 그 옆에 Stock Data가 각각 다른 탭에 있다. 우선 Dividend Data부터 보자.

• Avg Price Recovery: 평균 가격 회복 기간-배당을 실시하면 배당락이라 하여 주가 하락이 이어진다. 평균 가격 회복 기간은 배당 실시 후 주식값이 원래 수준을 회복하는 기간을 가리킨다. 사례에서 1.7로 표시된 것은 대략 2일이라는 것이다. 즉 주가는 2일쯤 지나면 배당락에 의한 하락을 회복한다는 뜻이다.

• Best dividend capture stocks in Dec: 월별 배당주 추천 서비스-월별로 배당주 투자에 좋은 종목을 선별해 주고 관리해 주는 연간 199달러의 유료 서비스다. 굳이 가입할 필요는 없다.

• Years of Dividend increase: 배당 성장 년수-배당금 증가 기간이 어떻게 되는지 나타낸다. AAPL은 2022년 말 기준 11년간 배당금이 증가하고 있다.

• Dividend Frequency: 배당 간격-연간 몇 번의 배당이 실시되는가를 나타낸다. 사례에선 Quarterly(연간 4회)로 나온다.

• Technology Avg Yield: 산업섹터의 평균배당률-동종업계의 배당률은 어떤지 표시된다. 사례에선 연간 1.37%로 나온다.

• 4 best technology dividend stocks: 동종업계 배당주 추천 서비스-연간 199달러를 지불하는 프리미엄 회원을 위한 유료 서비스다. 동종업계에서 가장 좋은 4개의 배당주 투자 종목을 선별해 주고 관리해 준다고 한다. 역시 굳이 가입할 필요는 없다.

Dividend Data	Stock Data
Market Cap	$2,103.530 B
Day's Range	$129.64 - $132.41
Volume	63,814,800
52 Wk Low/High	$129.04 - $182.94
Percent off 52 Wk High	-27.92%
FY1 PE	21.32x
FY1 EPS / Growth	$6.19 / 1.25%

이번에는 Stock Data 탭을 살펴보자.

① Market Cap: 시가총액

② Day's Range: 일간변동치

③ Volume: 거래량

④ 52 Wk(week) Low/High: 최근 1년간의 최저가/최고가

⑤ Percent off 52 Wk(week) High: 최근 1년의 최고가 대비 하락비율

⑥ FY(Fiscal Year)1 PE: 회계연도 1년간(올해)의 주가수익비율 (PER)

⑦ FY1 EPS / Growth: 회계연도 1년간(올해)의 주당순이익 및 성장폭

마지막으로 화면 하단에 나오는 항목을 보자.

AAPL's Next Dividend				⊕ Estimate
Amount Change	Next Estimated Amount	Next Estimated Pay Date	Type	Freq
0.0%	$0.2300	2월 10, 2023	Regular	Quarterly
No Change	Last Declared Amount	Last Declared Pay Date	Type	Freq
	$0.2300	11월 10, 2022	Regular	Quarterly

Learn more about Payout Estimates.

Next Dividend, 즉 다음 배당에 대한 항목들이다. 맨 왼쪽의 Amount Change는 0.0%로서 기존과 동일한 금액의 배당을 실시한다는 뜻이고, Next Estimated Amount와 Next Estimated Pay Date는 차기배당액/차기배당일을 나타낸다. 자료에 의하면, 2023년 2월 10일 0.23달러가 지급될 예정이라는 뜻이다. 마찬가지로 Last Declared Amount/Last Declared Pay Date는 전기배당액/전기배당일이다. 전기, 즉 직전 배당일은 2022년 11월 10일이었고 금액은 0.23달러였음을 볼 수 있다. Type(유형)은 정기배당, Freq(간격)은 Quarterly(분기별)이라 보면 된다. 매월 배당금이 지급된다면 Monthly로 표시된다.

5장

인플레이션 시대의
부동산

심리의 영향을
크게 받는 부동산

부동산 가격을 결정하는 요인은 뭘까? 많은 사람들이 '경제학'적인 요인이라고 생각한다. 사실이다. 하지만 경제학적인 요인으로 설명하기 힘든 부분이 많은 것 또한 사실이다. 같은 위치, 같은 평형의 아파트라도 1000세대 이상의 대단지 아파트가 300세대 이하의 소규모 세대에 비해 가격이 더 높은데, 경제학적으로 보면 동일한 상품으로 취급되어 동일한 시세를 형성해야 한다. 물론 거래의 편리성이라든가 향후 투자 가치 같은 다른 요인이 작용하기 때문이라는 설명이 가능하지만, 어딘가 모르게 경제학적으로 모든 것을 설명하기는 힘들어 보인다. 경제 법칙에서 벗어나 있는 것 같은 부동산의 이상한 속성에 대해 알기 위해서는 경제학에서 정의하는 인간에 대한 정의에서부터 이야기를 풀어나가야 한다.

합리적으로 분석하기에는 조금 이상해

학교에서 경제학을 배우거나 경제학 관련 전공서적을 볼 때 가장 먼저 배우는 것이 바로 '인간은 합리적인 선택을 하는 동물'이라는 짧은 문장이다. '합리적'인 선택을 하는 동물이기 때문에 자신에게 최선의 것을 선택하고, 각자 자기의 일을 열심히 하면 '보이지 않는 손'이 작용하여 수요와 공급의 원리에 의해 물건의 가격을 자연스럽게 결정해 준다고 믿는 것이다.

선택의 주체들은 나름대로 기회비용을 계산하여 가장 유리한 선택을 한다. 선택가능한 여러 대안들 중에서 최선의 것을 선택한다는 것이다. 물론 최선을 따지는 기준이 선택하는 주체에 따라서 달라질 수는 있다. 그러나 사람들이 합리적이라면 스스로 가지고 있는 기준에 따라 최선의 대안을 선택할 것임을 기대할 수 있다. 선택행위를 연구하는 데 있어서 사람들이 합리적으로 행동할 것이라는 전제는 매우 중요하다.

-조성환 · 곽태원 · 김준원 공저,《경제학 원론》, 경문사, 2001

이 문장은 우리나라 대부분의 경제학 원론 첫 시간에 나온다. 인간은 자신에게 최선의 선택을 '합리적'으로 한다는 것이다. 물론 맞는 말이다. 하지만 필요하지도 않은 물품을 사서 후회하는 사람들이 많은 것을 보면 인간은 그다지 합리적이지 않은 것 같다. 《부동산 대폭락 시대가 온다》의 저자 선대인 소장이 2008년 10월 8일 〈오마이뉴스〉와 인터뷰한 내용을 한번 보자.

현재 집값이 안 오르거나 떨어지고 있다. 대부분 엄청난 대출을 끼고 있는데, 버티는 것도 하루 이틀이지, 합리적인 사고를 하는 사람이라면 오히려 집을 파는 게 정상이다.

시점상으로 이런 인터뷰가 있고 5개월이 지난 2009년 3월부터 강남 재건축시장의 부동산이 급격하게 오르기 시작하면서 전체적인 부동산 가격 상승이 있었다. 바로 이어 2009년 5월부터는 전세 가격도 상승하여 '전세대란'이라는 말이 언론에 자주 등장한다.

어떤가? 인간은 정말 경제학에서 이야기하는 것처럼 합리적인 소비를 하는 경제 주체인가? 그렇지 않은 것 같다. 특히 부동산 가격에 있어서는 더욱 그렇다. 5억 원에 아파트 매도 의뢰를 했던 매도 의뢰자가 실제 매수 문의를 받으면 '더 높여서 팔아도 될 것 같다'고 판단하여 슬그머니 매물을 거두어들인다. 특별한 이유는 없다. 더 비싸게 팔아도 될 것 같으니 그러는 것이다. 바로 이런 점 때문에 부동산 가격을 '경제학'적으로만 분석할 수는 없다고 말하는 것이다. 대다수의 전문가들은 오로지 경제학적인 변수만 놓고 가격을 예측하는 오류를 범한다.

부동산, 특히 아파트에서 볼 수 있는 특이한 현상 중의 하나는 값이 오르는 상황에서 더 잘 팔리고, 집값이 좀 내려간다 싶으면 매수세가 실종된다는 점이다. 물건은 값이 싸지면 더 잘 팔리고 비싸지면 잘 안 팔리는 게 보통인데, 부동산은 그 반대의 모습을 보이는 것이다.

부동산을 매수할 때 사람들은 '경제학적으로 금리가 어쩌고 우리나라 경제 상황이 어쩌고' 하는 분석을 하지 않는다. '더 오를 것 같으니까 더 늦기 전에 사두자'는 심리가 발동한다. 반대로 부동산 가격이 내려가면 '더 내릴 것 같으니까 천천히 살수록 이익이다'라는 생각으로 주머니를 닫는다. 이러한 심리에 대해 옳다, 그르다 판단할 필요는 없다. 우리는 현상을 이해해서 투자에 반영하면 된다.

부동산 상승기의 매도자와 매수자의 심리 상태를 보면 매도자는 '조금 기다리면 더 오를 것 같으니 천천히 팔자'이고, 매수자는 '더 오르기 전에 사두자'는 입장이다. 당연하다. 한창 부동산시장이 불붙는 시기엔 하루 지나 매도자가 1,000만 원을 더 올리는 경우도 많으니까 말이다. 하지만 부동산 하락기를 보면 정반대의 상황이 펼쳐진다. 매도자는 '더 떨어지기 전에 팔자'이고, 매수자는 '조금 더 느긋하게, 더 깎을 수 있을 때까지 기다려보자'는 입장이다.

이런 부동산시장의 속성으로 보건대, 여러분의 판단은 어떤가? 앞으로 부동산 가격이 어떻게 될 것 같은가? 더 떨어질 것 같다고 예상하는 사람들이 많은 텐데, 그 생각이 옳다. 수치로 정확하게 드러나는 인플레이션이나 금리 같은 요소에 더해 심리적인 기대감도 부동산 가격에 많은 영향을 끼친다. 특히 뉴스에 나오는 '서울 강남 지역 몇억 원 하락!' 이런 소식들은 앞으로 부동산 가격이 더 내려갈 것이라는 예측을 확신으로 굳힌다.

부동산을 소유하고 있는 이들에겐 나쁜 소식이지만, 어쩔 수 없다. 앞으로 최소 2년, 그러니까 2024년 상반기까지는 부동산 가격의 지속적인 하락은 피할 수 없다. 하지만 동시에 좋은 소식이 있다. 2025년경부터 부동산 가격은 조금씩 최고점을 향해 다시 움직이기 시작할 것이다.

대출금리
10% 시대가 온다

이미 언급했듯이 인플레이션은 물가 상승을 의미한다. 마트의 장바구니 물가는 기본이고 자산 가격까지 오르는 것이다. 인플레이션이라는 단어의 본래 뜻은 부동산 가격 상승과 같은 의미다. 사실 인플레이션이 부동산 하락 요인이라는 것은 앞뒤가 맞지 않는 말이다. 좀 더 면밀하게 살펴보자면, 인플레이션 때문에 부동산이 하락하는 게 아니라, 인플레이션을 잡기 위해 금리를 올리기 때문에 부동산이 하락한다고 봐야 한다. 금리가 내려가지 않는 이상, 부동산 가격은 지금뿐 아니라 앞으로도 지속적인 하락세를 보일 것이다.

중앙은행의 목표는 2% 물가 상승

　금리는 물가 동향과 밀접한 관계가 있다. 최근 30년간 미국의 소비자물가지수를 보자. 미국은 1990년부터 최대 6%의 소비자물가 상승률을 보인 이후, 2000년부터 2020년까지 연간 2~4% 선에서 안정적인 물가지수를 보여왔다.

미국 전년대비 소비자물가 상승률

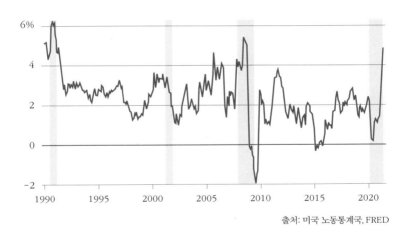

출처: 미국 노동통계국, FRED

　각국의 중앙은행은 물가의 흐름이 안정적인 경우 별다른 조치를 취하지 않는다. 경제 상황에 따라 미세한 조정만 한다. 미국도 그렇고 우리도 그렇다. 특히 우리나라는 적정물가 수준을 법으로 정해놓고 있다. 미국은 연방준비은행의 '평균물가안정목표제'를 통해 물가상승률 2% 유지 목표를 가지고 있다. 한국도 마찬가지다. '소비자물가 상승률(전년동기대비) 기준 2%'가 한국은행의 최종 목표다. 수단이 어떻게 되든 미국도 한국도 중앙은행은 2% 내외의 안정적 물가 상승을 목표로 한다는 뜻이다.

　미국은 '물가 2%'라는 목표를 잘 지켜왔다. 상황이 갑자기 변한 시점은 2021년 6월이다. 그전에 2~3%에 머물던 전년동월대비 소비자물가지수의 흐름이 2021년 5월에 갑자기 5%를 기록했기 때문이다.

미국 소비자물가지수(2015~2021년 5월까지)

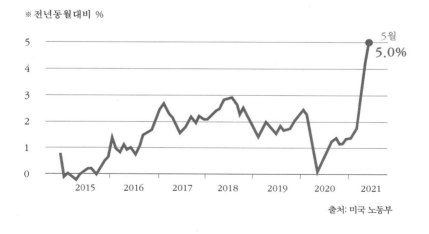

※ 전년동월대비 %

출처: 미국 노동부

인플레이션 시대 월급쟁이 재테크

미국은 한 번은 그럴 수 있다고 여기며 추이를 좀 더 지켜봤다. 하지만 물가 상승 5%는 특이사항이 아닌 본격적인 물가 상승의 시작이었다. 이후 미국 물가는 매번 새로운 기록을 세우며 상승했다.

미국 소비자물가 상승률

단위: %, 2021년 5월~2022년 5월 기준

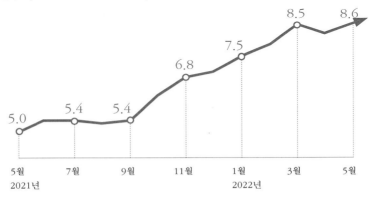

출처: 미국 노동통계국

물가상승률 2%라는 정해진 범위에서 벗어남에 따라 미국 중앙은행은 물가 상승을 잡기 위해 기준금리를 올리기 시작했다. 베이비스텝(0.25%p), 빅스텝(0.5%p), 자이언트스텝(0.75%p), 울트라스텝(1%p 이상) 등 귀여운 이름까지 붙여가면서 매번 기회가 있을 때마다 적게는 베이비스텝인 0.25%p부터 많게는 자이언트스텝인 0.75%p까지 올려왔던 것이다.

미국 주택담보대출금리 추이

30년 만기 고정금리 모기지 평균 금리(현지시간 기준)

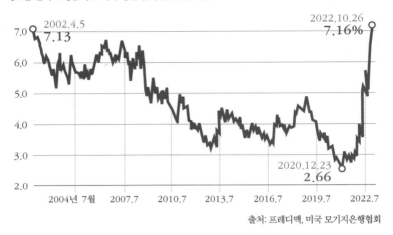

출처: 프레디맥, 미국 모기지은행협회

미국이 그동안 금리를 올린 결과를 보자. 2022년 10월 말, 미국의 주택담보대출금리가 7.16%를 기록함으로써 심리적 저항선인 7%를 넘었다. 미국의 대출금리가 7%를 넘었다는 것은 우리나라 부동산의 대출금리가 10%를 넘을 수도 있다는 뜻이다. 우리나라의 기준금리는 어쩔 수 없이 미국의 기준금리보다 최소한 같거나 높아야 하기 때문이다. 우리나라의 기준금리가 미국의 기준금리에 의해 어쩔 수 없이 움직인다는 사실에 자존심이 상할 수는 있지만 현실적인 면을 따져볼 때 수긍할 수밖에 없다.

기준금리, 자존심의 문제 아니다

자존심과 일명 국뽕을 가득 채우고 미국의 기준금리와 다른 길을 걷겠다고 선언한 사례가 실제로 있었다. 튀르키예(터키)가 그렇다. 튀르키예 대통령은 금리를 낮추면 치솟는 물가를 끌어내릴 수 있다고 주장한다. 그에 따라 2021년 9월에 19%였던 기준금리를 1년 동안 하락시켜 2022년 8월 13%로 하락시켰다. 같은 기간 물가는 80% 상승하고 리라/달러 환율은 2022년 8월 1달러당 18리라인 상황이다. 7개월 전인 2022년 1월에 1달러당 13리라였던 것을 감안하면 환율은 대략 40% 가치하락을 겪었다. 이 사례만 보더라도 우리나라 기준금리가 미국보다 무조건 같거나 높아야 한다는 것은 자존심의 문제가 아닌 생존의 문제일 수밖에 없다.

다시 미국 대출금리로 돌아와서, 미국의 기준금리가 2.5%일 때 대출금리가 7%를 넘었다는 것은 우리 역시 비슷한 상황이 될 수도 있음을 의미한다. 미국 기준금리가 4%를 넘는다면 우리나라 은행에서는 대출금리가 10%로 적용될 가능성이 매우 높다.

이러한 예상이 과장되지 않았음을 다음 그림이 증명한다.

시중은행 대출금리 현황

○ 2022년 9월 30일 ○ 2022년 10월 28일   (연간 기준, 단위: %)

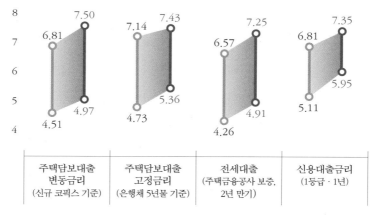

주택담보대출 변동금리 (신규 코픽스 기준)	주택담보대출 고정금리 (은행채 5년물 기준)	전세대출 (주택금융공사 보증, 2년 만기)	신용·대출금리 (1등급 · 1년)

출처: KB · 신한 · 하나 · 우리은행, 채권정보센터

주택담보대출을 보면 변동금리 최저 4.97%에서 최고 7.5%까지, 고정금리는 최저 5.36%에서 최고 7.43%까지 적용되고 있다. 다른 대출도 비슷한 범위에서 움직이고 있다. 불과 얼마 전까지 은행 대출금리가 3% 내외였던 점을 감안하면 이자 부담이 너무 올라 야속할 따름이다. 향후 상황은 어떻게 될까? 실마리는 미국의 기준금리 예상에서 찾아야 한다. 앞으로 미국의 기준금리가 올라간다면 이에 따라 우리나라의 기준금리와 대출금리도 함께 올라갈 수밖에 없다. 앞으로 미국의 기준금리를 예상한 그래프를 보자.

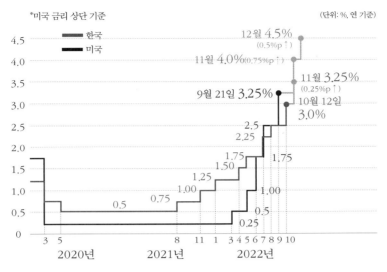

한미 기준금리 인상 전망

*미국 금리 상단 기준   (단위: %, 연 기준)

결론부터 말하자면, 2023년 1월 이후 미국의 기준금리는 최소 4.5%에서 계속 오를 듯하다. 물가 상승이 기적적으로 멈추고 급속하게 진정되는 모습을 보인다면 이야기는 달라질 수 있지만, 2023년 1월 현재 그런 기적은 보기 힘들 것 같다. 인플레이션은 계속 진행되고, 이를 잡기 위한 금리 인상도 계속 될 것으로 예상된다.

우리나라의 기준금리 역시 2023년 중에 5.0%까지 올라 대출금리 10~12%까지 될 수도 있다. 이러한 최악의 상황을 염두에 두어야 한다. 상황이 지금보다 나빠질 수 있다는 것은 독자들이 듣고 싫어 하는 말은 아닐 것이다. 듣고 싶은 말을 해야 할지, 들어야 할 말을 해야 할지 고민되기는 하지만, 이 책을 사서 읽는 독자들에게 는 아프더라도 앞으로의 일을 더 잘 준비할 수 있도록 사실과 의견 을 가감 없이 전달하는 게 내가 이 책을 쓰는 이유다.

인플레이션,
부동산 가격 하락을 부르다

이렇게 기준금리가 오르면 대출금리도 오르고, 그러면 부동산시장은 최악의 상황을 맞이할 수밖에 없다. 그런데 이 말은 뜨거운 아이스커피가 앞뒤 맞지 않는 말인 것처럼 역시 앞뒤가 맞지 않는 말이다. 인플레이션은 주식이나 부동산의 자산 가격이 상승하는 것을 가리키는데, 부동산이 오르는 것이 부동산의 하락 요인이 된다니 얼마나 모순된 말인가. 그럼에도 인플레이션은 부동산의 하락 요인이 맞다. 두 가지 측면에서 그 이유를 살펴보자.

이미 너무 높이 형성되어 있는 부동산 가격

첫째, 이미 너무 높게 형성되어 있는 부동산 가격이 그 이유다. 그간 부동산 가격은 올라도 너무 올랐다. 서울 강남의 대치동 은마 아파트를 보자. 2017년 11월에 최저 11억 원이던 매매가격이 5년 만에 최고 25억 원까지 2배 넘게 상승했다(출처: 호갱노노). 상승 금액은 13억 8,000만 원이고 비율로는 124% 상승한 셈이다.

2017년 이전 10년 넘는 기간 동안 해당 아파트의 가격이 10억 원 선에서 크게 오르거나 내리지 않았음을 고려하면 급격한 상승이라 할 수 있다. 이러한 급격한 상승세는 비단 강남 지역에만 해당되지는 않는다. 서울 강북구에 위치한 수유동 벽산아파트의 흐름은 어떤가. 2017년 1월 3억 5,000만 원에서 5년 동안 7억 4,000만 원으로 상승했다. 여기도 상승 금액이 3억 9,000만 원으로 5년 전에 비해 2배 넘게 상승했다. 혹시 서울만 이렇게 오른 것일까 싶어 다른 곳도 살펴보았다.

동탄2 청계동 동탄역 KCC스위첸은 2017년 1월에 4억 7,800만 원의 시세에서 정확히 5년 후엔 7억 2,250만 원으로 2억 4,450만 원 상승했다. 비율로는 50% 정도 된다. 불과 5년 전에 비해 2배 올랐으니 그동안 올라도 너무 오른 것이다.

서울을 비롯하여 수도권은 대부분 이런 식으로 5년간 50~100%의 상승률을 보였다. 정부의 부동산시장에 대한 잘못된 진단과 임대차 3법의 부작용 등이 복합적으로 작용한 결과물이라 할 수 있다. 정부의 정책이 어떻게 잘못되었는지를 따져보려면 책 몇 권 분량이 될 테니 생략한다. 이미 엎질러진 물이니 중요한 것은 앞으로의 대책이다.

그간 부동산 가격은 '오늘이 가장 싸다'는 인식이 대부분이었다. 전혀 틀린 말은 아니다. 계속해서 집값이 오르는 상황이었기에 내일보다는 오늘 주택을 매입하는 것이 그나마 집을 싸게 살 수 있는 방법이었다. 특히 젊은 세대는 '지금 집을 사지 못하면 앞으로 영원히 집을 살 수 없을지도 모른다'는 불안감이 심했다. 지금 상황에서 보면 '그때 그렇게까지 할 필요가 있었나' 하는 생각이 들 것이다. 2021년 말까지는 그 판단이 맞았다.

당시에는 집값이 끝없이 오를 것이라 대부분 생각했지만 어느 순간부터 '임계점'이 왔다. 포물선을 생각해 보자. 화살을 쏘거나 대포를 쐈을 때 계속 위로 올라가는 것처럼 보이지만 어느 순간이 되면 다시 아래를 향해 떨어진다. 집값도 마찬가지다. 5년간의 급격한 상승 기간을 거친 이후 지금은 다시 아래를 향해 떨어지는 시기라 할 수 있다. 너무 높아진 가격에 매수세가 더 이상 붙지 않는 것이다. 집값이 계속 오르려면 올라간 집값을 지불할 다음 매수자가 있어야 하는데 2021년 말부터 다음 매수자가 점점 줄어든 것이다.

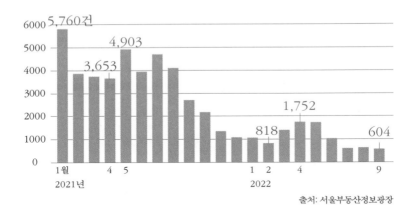

서울 아파트 거래량 추이

출처: 서울부동산정보광장

　서울 아파트 거래량을 보면, 2021년 상반기까지는 매월 평균 4000여 건이 거래되다가 하반기부터는 거래량이 급격하게 줄어드는 모습을 보인다. 2022년 들어서는 3월부터 5월 사이 1000건 넘는 수치를 잠깐 보였으나, 이후 1000건 안 되는 모습을 계속 보인다. 거래량이 줄어든다는 것은 매수자가 그만큼 없다는 것을 의미하고, 2022년 반짝하던 시기는 2021년에 집을 내놓았던 매도자들이 급매로 내놓은 집들을 매수자들이 저가매수로 받아들인 결과라 짐작할 수 있다. 즉 2021년 하반기를 기점으로 아파트 거래는 수요자가 줄어들고 있다는 신호를 보냈던 것이다. 이미 집값이 하락세의 조짐을 보이는 상황에서 인플레이션과 금리 상승이 부동산 가격 하락을 확정지었던 것이다.

금리 인상의 여파

인플레이션이 부동산 가격 하락의 원인이 되는 두 번째 이유는 여러 번 강조했듯이 금리 인상 때문이다. 2017년 이전까지 부동산 가격이 비교적 안정적으로 큰 폭의 상승이 없었던 것에 비해, 2017년부터 시작된 부동산 상승은 5년 동안 지역마다 다르기는 하지만 전국의 모든 집값을 끌어올렸다. 상승이 계속 유지될 수 있었던 것은 그간 이어진 저금리의 영향이 컸다. 2014년 이후 기준금리는 2%를 넘지 않았고, 코로나19로 인해 2020년부터는 1% 미만으로 기준금리가 유지되었기 때문에 주식이나 부동산 같은 자산시장은 물론이고, P2P나 암호화폐 등에도 활발한 투자가 이루어졌다.

물론 인플레이션이 집값을 직접적으로 하락시키지는 않는다. 인플레이션을 잡기 위한 금리 인상이 집값을 하락시킨다. 금리 인상은 곧 대출에 대한 부담을 늘리기 때문이다. 대출금리가 연 3%라면 전세 또는 매수를 위해 5억 원을 대출받으면 연 이자는 3%×5억 원으로 1,500만 원이다. 한 달 이자는 125만 원이다. 부부 기준으로 월 소득이 500만 원이라면 대출이자 갚고 이것저것 생활비 쓸 수 있는 수준이다. 하지만 연 이자가 7%로 오른다면 같은 5억 원을 대출받았을 때 7%×5억 원=3,500만 원, 한 달 이자는 291만 원으로 증가한다. 월 소득 500만 원에 이자만 300만 원 가까워지는 셈이다. 2년 만에 상황이 변했고, 앞으로 대출이자는 더욱 오를 것이니 연 10%의 대출금리가 된다면 5억 원을 빌린 부부는 한 달 이자로만 416만 원을 부담해야 한다. 말 그대로 이자 갚기에도 빠듯한 생활이 된다.

이 상황에서 집값이 계속 오른다면 그나마 희망을 가지고 버틸 수 있을 텐데, 금리 인상은 이러한 희망을 허락하지 않는다. 대출 부담은 늘어나고 집값은 올라갈 생각을 안 한다. 늘어난 이자 부담을 감당하지 못하면 급매, 급급매로 집을 매도처분하게 되는데, 이렇게 하면 다시 무주택자가 되는 동시에 손실도 확정된다. 집을 가지고 있으면 대출 부담, 집을 내놓으면 그동안 납부한 이자와 별개로 집값이 하락한 만큼의 손실을 보게 되는, 이러지도 저러지도 못하는 상황에 처하고 만다. 이게 다른 나라 일이 아니다. 2022년 말, 대출을 끌어모아 집을 마련한 우리나라 수많은 가정의 실제 모습이다.

지금 전국의 부동산 상황을 간략하게 요약하면 이렇다. 그동안 저금리의 힘으로 올라도 너무 올랐던 부동산이 금리 상승이라는 변수에 무기력하게 하락하는 모습이다. 마치 변별력 조절에 실패해 시험이 너무 쉽게 나올 땐 모두 100점 받다가, 변별력이 조정되어 시험 난이도가 높아지자 공부 잘하는 학생부터 못하는 학생까지 모조리 점수가 하락하는 모습과 유사하다.

　　인플레이션은 시험문제에서 변별력을 높이는 것과 비슷하다. 인플레이션이 심화되어 금리가 올라가면 그만큼 변별력이 높아지는 것이라 보면 된다. '과연 이렇게 올라간 금리에도 당신은 버틸 수 있는가'를 묻는 시점이 바로 지금 우리가 마주하고 있는 이 시기인 것이다.

버티는 자가
이긴다

'버티는가, 무너지는가!' 이 양자택일밖에 없을 것 같은 상황에서도 좋은 소식은 있다. 인플레이션과 금리 상승은 영원하지 않다는 점이다. 모든 국가는 금리를 낮추고 싶어 한다. 그래야 대출 부담이 적어져 투자가 활발하게 이루어지고 국가경제도 성장하기 때문이다. 미국과 우리나라는 연 2% 정도의 물가 상승을 목표로 한다. 급격하지 않은 인플레이션이 국가의 목표이기도 하다는 뜻이다.

1979년은 미국의 인플레이션이 심각하던 시기였다. 물가상승률이 13.3%였기 때문이다. 이때 인플레이션 파이터라 불리던 미국 연방준비제도 의장 폴 볼커Paul Adolph Volcker는 기준금리를 급격하게 올렸다. 1979년 9월에 12.16%이던 기준금리를 1980년 12월엔 22%까지 올렸다. 그는 고금리로 고통받는 사람들에게 살해 위협을 받으면서도 기준금리를 높게 유지해 결국 3년 만에 인플레이션을 잡을 수 있었다. 이후 미국의 기준금리는 꾸준히 하락하여 2000년 엔 5% 수준으로, 이후 2020년까지 2% 수준으로 꾸준히 하락했다.

인플레이션과 기준금리 상승은 끝이 있다. 금리 상승이라는 극약처방을 통해 인플레이션이라는 증상이 치유되면 더 이상 약을 쓸 필요가 없어진다. 문제는 금리를 올리자마자 기다렸다는 듯이 물가가 안정되면 좋겠지만 그렇지는 않다는 점이다.

1980년 전후한 미국의 기준금리 추이를 보자.

미국 기준금리 추이

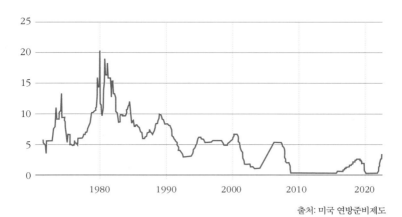

출처: 미국 연방준비제도

20%라는 최고치를 기록한 이후 물가 안정세를 보였어도 어느 순간 갑자기 내리지는 않았다. 금리를 급격하게 올리는 것만큼 급격하게 내리는 것 역시 문제가 될 수 있다는 판단 때문이다.

금리 인상이 앞으로 10년, 20년 계속 지속될 상황은 아니다. 물가 상승을 일으켰던 코로나19의 공포와 러-우 전쟁, 이 두 가지 큰 변수가 해결되면 예상보다 일찍 금리는 하락세로 전환될 수 있다. 추후 다시 자세한 설명이 이어지겠지만, 현재 주택을 보유하고 있다면 매도처분을 하는 것보다는 대출 부담을 계속 안고 가더라도 보유하는 것이 좋다.

20년 전 또는 10년 전의 상황을 복기해 보자. 1997년엔 IMF로 나라가 망할지도 모른다던 불안감, 2008년엔 미국조차도 망할지 모른다던 불안감이 팽배했다. 지금의 인플레이션 상황에 비해 그 공포심이 결코 덜하지 않았다. 불안감을 극복하고 주식이나 부동산을 보유했던 사람들은 이후 다시 이어진 자산 가격 상승의 수혜를 입을 수 있었다. 이때 현금 보유가 답이라 생각하고 실행했던 사람들은 자산 가격이 상승하는 만큼 실질 가치의 하락을 맛보아야 했다. 이미 두 번 반복되었던 좋은 투자 기회는 우리에게 훌륭한 교훈을 남겼다. 공포심을 이겨내면 이후 보상을 받는다는 교훈 말이다.

섣부른 희망은 독이 될 수도

문제는 인플레이션이다. 미국의 기준금리는 오로지 인플레이션만 본다. 현재의 기준금리 상승은 인플레이션을 잡기 위한 과정이다. 인플레이션이 진정된다면 기준금리가 더 오를 일은 없어진다는 말이기도 하다. 그렇다면 인플레이션은 언제 잡힐까? 그 시점에 대해서는 아무도 알 수 없다. 처음에는 미국의 기준금리가 인상되던 2022년 10월에는 물가가 잡히고 금리가 다시 내려갈 것이라는 예측이 많았다. 이 책을 쓰고 있는 2023년 1월 현재, 미국은 여전히 높은 인플레이션으로 고통받고 있고, 그 대책으로 내세운 기준금리 상승은 바다 건너 우리나라에까지 고통을 주고 있다.

인플레이션은 단기간에 끝나지 않을 것이다. 스톡데일 패러독스를 기억하는가? 언젠가 고통은 끝나지만 지금 당장은 아니라는 마음을 가져야 한다. 1년 안엔 물가가 잡혀서 다시 미국이 금리를 제로 수준으로 만들어줄 것이라는 희망은 잠시 접어야 한다. 단테의 《신곡》에서 말하고 있는 것처럼 "여기로 들어오는 너희는 모든 희망을 버려라" 하는 마음을 가져야 한다. 최악의 상황에서 버틸 수 있는 준비를 해야 하는 것이다. 대출금리 10%, 주택가격 50% 하락, 이 두 개의 상황이 동시에 왔을 때를 대비할 수 있어야 한다.

'1년만 버티자. 그럼 좋은 날 온다.' 이런 식의 섣부른 희망은 오히려 독이 될 수 있다. 딱 1년 생각하고 버텼는데, 그때도 내가 생각하는 좋은 날이 오지 않는다면 그때의 절망감은 이루 말할 수 없을 테니 말이다. 섣부른 희망보다 현실을 냉정하게 직시하는 태도가 오히려 우리를 버티게 하는 힘이 된다.

금리가 인하될
때까지 기다려라

사실 지금 상황에서 "아파트 가격은 서서히 회복될 테니 버텨보자"라고 말하는 건 큰 용기가 필요하다. 그건 마치 아파트 가격이 한창 오를 때 "너무 기대하지 마세요. 앞으로는 폭락할 테니까요"라고 말하는 것과 같다. 지금처럼 아파트 가격이 30%는 기본이고 50%까지 하락한 데다 앞으로 더 떨어질 일밖에 남지 않은 상황에서 "너무 걱정 마세요. 앞으로는 폭등합니다"라고 이야기하려면 비웃음을 감당할 용기가 필요하다. 그래도 용기 있게 말해야 한다. 앞으로 금리 인하가 어느 정도 진행되면 집값은 무서울 만큼 폭등할 것이라고 말이다. 그렇게 용기 있게 말할 수 있는 배경에는 근거가 있다.

금리 3%부터 시동 걸린다

2012년부터 2022년까지 10년간의 한국은행 기준금리와 한국 부동산원의 아파트 평균 매매가격 그래프를 함께 그려본 결과는 아래와 같다

기준금리(%)와 아파트 평균 매매가격(천 원) 추이

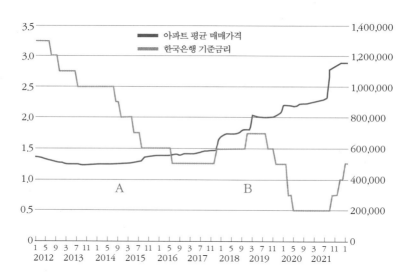

대강의 그림을 보면 A지점까지는 기준금리가 3% 이상에서 2% 까지 내려온다. 이 구간에서 아파트 가격은 큰 상승 없이 정체된 모

인플레이션 시대 월급쟁이 재테크

습이다. A지점과 B지점 사이는 기준금리 1.5%인 저금리 구간이다. 이때 아파트 가격은 꾸준히 상승한다. B지점부터는 기준금리가 1.5% 이하, 심지어 0.5%의 기준금리가 있는 초저금리 구간이다. 이때 부동산 가격은 급격한 상승세를 보인다. 여기서 유추할 수 있는 것은 한국은행 기준금리가 부동산 가격을 억누르는 것은 2%를 기준으로 한다는 것이다. 즉 2%보다 기준금리가 높으면 부동산 가격은 정체 및 하락하고, 2%보다 기준금리가 낮으면 부동산 가격은 상승한다는 것을 발견할 수 있다.

예리한 독자라면 이 대목에서 "지금 한국은행 기준금리가 3% 정도인데 왜 부동산이 하락하나요?"라는 질문을 할 것이다. 좋은 지적이다. 같은 3%라도 내려갔다 올라가는 상황이냐, 올라갔다 내려가는 상황이냐에 따라 투자심리가 달라지고 은행의 대출금리도 다르게 적용된다. 금리가 올라갈 것으로 예상되는 2023년 초 상황에선 은행들도 대출금리를 정할 때 앞으로 추가적인 기준금리 상승을 염두에 두고 상승예상분을 미리 반영할 수밖에 없다. 7%까지 상승한 주택담보대출금리에 이런 계산도 깔려 있다.

본론으로 돌아와서, 기준금리가 3% 이하로 내려온다는 것은 인플레이션이 어느 정도 진정되고 앞으로 정부는 금리를 낮추어 경기를 활성화시킨다는 뜻이다. 쉽게 표현하자면 노를 저을 수 있게 물을 공급하겠다는 것이다.

여전히 부족한 주택 공급

집값이 상승할 것이라고 예상하는 근거 중에 이 부분이 가장 중요하다. 윤석열 대통령은 취임하면서 250만 호의 주택 공급을 공약했다. 국토교통부 장관은 여기에 20만 호를 추가하여 총 270만 호의 주택 공급 계획을 발표했다. 공약과 발표된 계획대로만 되면 우리나라는 주택이 부족하지 않은 살기 좋은 대한민국이 될 것이다. 문제는 발표된 계획대로 진행될 가능성이 높지 않다는 점이다. 규제 완화를 통해 각종 재개발, 재건축을 추진하겠다는 계획, 1기 신도시를 전체적으로 재건축하겠다는 계획 등 서울과 수도권에 주택 물량이 대량으로 공급될 수 있는 여러 가지 방안이 지연되고 있는 상황이다.

주택시장은 현재 금리 부담이라는 경제 상황이 부동산 가격을 강제로 안정시키고 있다. 향후 기준금리와 대출금리가 낮아지는 상황이 온다면 '알고 보니 주택공급이 잘 안 되고 있다'는 인식이 퍼지면서 부동산 가격은 2017년부터 5년간 2배 상승했던 정도의 상승세를 보일 것이다.

A라는 지역에 재개발이나 재건축을 통해 새롭게 아파트가 지어진다고 해보자. 개발계획이 확정되어 아파트를 건설하려면 공사 기간만 1년 6개월이 필요하다. 공사 기간 이전에 조합을 결성하는 등 여러 과정을 고려하면 당장 2023년 1월 1일 공사를 시작해도

2024년 7월 1일까지 시간이 필요하다. 주위를 둘러보았을 때 정부의 주택 공급 계획으로 새로 펜스를 치고 공사를 시작한 곳이 많이 보이는가? 그렇지 않을 것이다.

지금이 2025년이라고 가정해 보자. 기준금리는 2% 정도로 비교적 낮은 편이고 부동산 가격은 3년 동안 많이 하락해서 2022년에 비해 절반 수준이다. 여기에 더해 심지어 정부의 주택 공급이 원활하지 않아 주택이 부족하다면 집값이 오르지 않는 게 오히려 이상한 일이다.

부동산 가격은 결국 수요와 공급의 원리가 작용한다. 인플레이션은 가처분 소득의 감소와 금리 인상으로 수요를 억제하는 효과가 있지만, 어디까지나 한시적이기 때문에 억제된 수요는 차츰 증가할 것이다. 이 시기에 적절한 주택 공급이 이루어진다면 늘어난 수요를 감당해서 정치인들이 외치는 '집값 안정화'는 가능할 것이다. 윤석열 정부도 이전 정부와 마찬가지로 주택 공급 실적이 좋지 않다는 인식이 퍼지는 순간, 부동산 가격은 또다시 '미친 상승세'라는 말에 걸맞게 위로 질주할 것이다.

그럼에도 집은 항상 비쌌다

집은 언제나 비쌌다는 사실도 잊으면 안 된다. 이 정도면 가격이 괜찮다 싶은 적은 한 번도 없었다. 서울 강남의 집값이 평당 5,000만 원일 때도 '집에 무슨 금테를 둘렀나? 아무리 강남이지만 너무하다'는 생각이 일반적이었고, 평당 1억 원에 육박할 때도 '아무리 강남이지만 너무하다'는 생각이 일반적이었다. 하지만 집값이 몇 억씩 떨어진 현재 상황은 어떨까? 여전이 집은 비싸다. 옛날에도 비쌌고 지금도 비싸다. 앞으로도 당연히 비쌀 것이다.

벌써 20년도 더 전에 일어났던 1997년의 경제 위기. 우리나라 대기업들이 망해나가고 실업자가 갑자기 늘어나면서 우리나라 경제가 휘청이던 시절이다. 이때 집값은 반값이 되고 그마저도 계속 하락했다. 이때 '집값 내려갔으니 이제 살 만하다'라는 사람은 거의 없었다. 집을 사는 것은 바보 같은 짓이었다. '당장 내일 우리나라가 망할지도 모르는데 집은 왜 사냐?' '자고나면 또 집값 떨어질 텐데 지금 사면 너무 비싸게 사는 거다.' 이런 식의 인식이 압도적이었다. 집값은 내리고 내려서 많이 싸졌지만 그때도 집값은 상당히 비싸게 느껴질 수밖에 없었다.

2008년 미국의 금융위기 때는 어땠을까? 미국 경제가 망할지도 모른다는 위기감이 전 세계를 공포에 몰아넣은 시기였다. 이때도 집값은 많이 하락했지만 '집값이 또 떨어졌네. 곧 집값이 오를 테니 싸게 살 수 있을 때 미리 사두어야겠다'라며 집을 사는 사람은 거의 없었다. '당장 내일 전 세계가 망할지도 모르는데 집은 왜 사냐?' '자고 나면 또 집값 떨어질 텐데 지금 사면 너무 비싸게 사는 거다. 내일이 더 싸다.' 이런 인식이 팽배했다. 집값이 많이 하락한 시기였는데도 그때 집값에 대해 '완전 껌값이네'라고 이야기하는 사람은 없었다.

특히 이 시기를 전후해서 '집값 폭락론'이 많은 인기를 얻었다. 우리나라는 인구가 줄어들 것이니 수요가 줄어 집이 남아돌 것이고, 집으로 돈 버는 시대는 이제 끝났다는 주장이었다. 많은 사람들이 이 주장에 공감하기도 했다.

정리해 보면, 앞으로 부동산 가격이 폭등하는 시기가 온다. 그럼에도 무주택자들은 주택 매입을 망설인다. 전에 반값으로 팔던 매물인데 너무 올랐다는 생각에, 지금 반짝 올랐다가 혹시라도 대출 금리가 다시 오르면 그때 또 떨어질 것이라는 걱정 때문에 그렇다.

집은 약간 이상한 특징이 있다. 가격이 오르면 수요가 줄어드는 것이 일반적인 상품의 모습인데, 집은 값이 오르면 오를수록 수요가 더 몰려든다. 더 오르기 전에 사두자는 수요가 뒷받침되기 때문이다. 지금 주택을 보유하고 있다면 지금의 어려움만 잘 이겨내면 재산상의 손해를 만회하면서 동시에 이익을 볼 수 있는 기회도 많이 얻을 수 있다. 처분하기보다는 유지하는 것이 경제적으로 더 나은 선택이 될 것이다.

견디기 힘들어 집을 팔고 나가는 것도 하나의 방법이기는 하지만, 집을 팔면 어딘가 집을 얻어야 할 것이고 이때 필요한 보증금 역시 은행 대출로 해결해야 한다. 물론 주택을 보유할 때보다는 대출 부담이 훨씬 줄어들겠지만 나중에 집값 상승 시기가 왔을 때 '그때 조금만 버틸걸' 하는 아쉬움으로 밤잠을 못 이루는 것보다는 지금 감내하는 게 훨씬 현명한 판단이다.

어느 지역 집값이 오를까?

집값은 서서히 회복될 것이라고 말하고는 있지만, 부동산 관련 유튜브를 보면 집값은 앞으로도 한없이 떨어질 것이고, 지금 부동산 사면 바보라는 이야기가 많다. 유튜브계에서 명함 좀 내민다는 분들이 공통적으로 하는 이야기니 전혀 틀린 이야기는 아닐 것이다.

하지만 나는 약간 다른 각도에서 접근해 보고자 한다. 당분간 가격 하락은 피할 수 없는 일이니, 앞으로 가격이 다시 오른다면 어느 지역이 더 빠른 회복세를 보일 것인지 예상해 보려 한다. 물론 나의 예상은 맞을 수도, 틀릴 수도 있다. 무조건 믿기보다는 이럴 수도 있겠구나 정도의 관점으로 보고, 부동산 의사결정에 참고하면 된다.

서울

1) 강남 4구: 강남구 / 서초구 / 송파구 / 강동구

강남 3구에 강동구까지 더해 강남 4구로 묶었다. 엄밀하게 따지면 강남구와 서초구가 진짜 강남이고, 송파구와 강동구는 강남 옆 동네라 할 수 있지만 가격 추이를 보면 상승폭이 유사하다는 점에서 강남 4구로 표현했다.

• 매매가격: 2024년 말까지 50% 하락 후 25년부터 급상승

강남 3구의 매매가격은 2017년 초부터 2021년 말까지 5년간 2배 이상 상승했다. 정부의 잘못된 시장 진단과 처방이 원인이기도 했지만, 주택 공급이 부족하다는 인식이 강했기에 상승세가 컸던 지역이기도 하다. 2024년 말까지 강남 3구의 매매가격은 최고점(2021년 말) 대비 50%까지 하락할 것으로 보인다. 이후 2025년부터는 상승세로 전환하여 2028년경엔 이전 최고 수준에 도달하지 않을까 싶다. 여전히 주택은 부족하기 때문이다.

• 전세가격: 2020년 7월 수준에서 소폭 상승

전세가격은 아직 '시세'라 부를 만한 가격 기준이 없다. 2020년 8월부터 시작된 임대차 3법의 영향으로 같은 아파트에서도 각각 다른 가격으로 전세 계약이 이루어졌기 때문이다. 같은 평형, 같은 층수라도 집주인과 세입자의 상황에 따라 아주 높은 가격에 거래되

인플레이션 시대 월급쟁이 재테크

기도, 기존의 낮은 가격이 연장되기도 했다. 이에 따라 전세가격의 기준점은 2020년 7월로 놓았다. 전세가격은 강남구의 경우 주거 선호도가 높고 수요가 지속될 것으로 보여 큰 폭의 하락은 예상하기 어렵다. 임대차 3법의 시행 직전인 2020년 7월의 전세 시세가 유지되며 연간 5% 내외의 시세 상승이 계속될 것이다.

2) 노도강: 노원구 / 도봉구 / 강북구

노원구, 도봉구, 강북구는 일명 노도강으로 묶여 있지만 노원구와 도봉구는 재건축 예정 아파트가 많고, 강북구는 아파트 단지 자체가 많지 않아 세부 사항에 들어가면 오차가 있을 수 있다. 서울 지역에서 가장 낮은 수준으로 매매시세가 형성되어 있다는 점, 매매가격, 전세가격의 추이가 비슷한 모습을 보이고 있다는 점에서 같이 묶어도 무리 없을 것이라 판단했다.

• 매매가격: 2024년 말까지 60% 하락 후 25년부터 소폭 상승

노도강 지역 역시 2017년부터 5년의 기간 동안 매매가격이 100% 상승했다. 즉 5년 만에 값이 2배로 상승했다. 인플레이션 기간 동안 노도강 지역의 매매가격은 기존의 상승세만큼 하락하여 2017년 1월 가격으로 돌아가고, 여기에 추가적인 하락세가 영향을 미쳐 10% 추가 하락될 것이다. 즉 2022년 1월에 10억 원이던 아파트의 3년 후 시세는 4억 원이 된다는 뜻이다. 노도강 지역은 인플

레이션 기간이 끝나고 저금리로 회귀해도 급격한 상승은 기대하기 힘들다. 노후 아파트들에 대한 재건축 추진을 제외하면, 투자 수요가 몰릴 만한 호재가 별로 없기 때문이다.

• 전세가격: 2021년 말 대비 30% 하락

노도강 지역의 전세가격은 급격한 하락 없이 30% 소폭 하락하는 모습을 보일 것으로 예상된다. 전세가격은 저금리가 유지된 최근 10년간 급격한 상승이나 하락 없이 꾸준한 상승을 보였다. 그럼에도 금리가 상승하자 몇 개 단지에서 기존 대비 30% 하락하여 전세 거래가 이루어지는 모습이 발견된다. 즉 노도강 지역의 전세가격 상승은 지역적인 개발 호재, 거주 편리성이 뒷받침된 결과가 아니라, 서울의 전체적인 상승세의 영향을 받은 결과라는 뜻이다. 서울 전체적으로 매매가격과 전세가격의 하락세가 지속되는 동안 노도강 역시 전세가격은 최고점인 2021년 말 대비 30% 하락하는 모습을 보일 것으로 예상된다.

3) 마용성: 마포구 / 용산구 / 성동구

마용성은 집값 상승 시기에 실거주 및 투자 수요가 함께 몰려 급격한 가격 상승이 이루어진 지역이다. 투자 수요가 줄어들고 앞으로의 가격 상승에 대한 기대감이 줄어들면서 집값이 하락하는 모습을 보일 것으로 예상된다. 다만 마용성 세 곳 중 용산구는 매매가격이 소폭 하락하는 선에서 버틸 것으로 보인다.

• 매매가격: 2024년 말까지 60% 하락 후 25년부터 소폭 상승

마포구와 성동구는 2024년 말까지 60%에 달하는 큰 하락폭이 예상된다. 강남지역이 50% 하락하는 것과 유사하고, 여기에 하락폭이 조금 더 클 것으로 보인다. 용산구는 이에 비해 하락폭이 크지 않아 대략 20% 내외의 하락폭만 기록하지 않을까 싶다.

• 전세가격: 2024년 말까지 20% 하락 및 월세 전환 가속화

마포구와 성동구는 직장인 거주 수요가 많다. 금리 인상이 된다 해도 전세가격이 반값으로 하락하는 급락 가능성은 상대적으로 적다. 전세가격은 대략 20% 내외의 하락폭을 보이면서 동시에 월세로 전환하는 비율이 높을 것이다. 즉 최고점의 전세가격이 9억 원이던 주택은 7억 원 또는 보증금 5억 원에 월세 150만 원 내외의 계약이 이루어질 것으로 예상된다. 용산구 역시 비슷할 것이다.

4) 구금관: 구로구 / 금천구 / 관악구

구금관은 서울 남서부에서 가격 수준이 낮은 지역으로 묶인다. 서울 북쪽에는 노도강, 남쪽에는 구금관이 있는 셈. 이 지역의 향후 매매가격과 전세가격의 흐름은 비슷한 상황인 노도강과 크게 차이가 없을 것으로 보인다.

• 매매가격: 2024년 말까지 60% 하락 후 25년부터 소폭 상승

구금관은 노도강과 유사하게 2017년부터 5년 동안 매매가격이

100% 상승했다. 구로SK뷰아파트는 32평형 매매가격이 2017년 1월에는 4억 3,000만 원이다가 2021년 12월엔 8억 3,000만 원으로 상승했다. 5년 만에 값이 2배 가까이 상승했다. 구금관의 매매가격은 향후 기존의 상승분만큼 하락하여 2017년 1월 가격으로 돌아가고, 여기에 추가적인 하락세가 영향을 미쳐 10% 추가 하락될 것이다. 앞서 보았던 구로구의 아파트는 2024년 말 4억 원 정도로 시세가 형성될 것으로 예상된다. 나중에 저금리가 된다 해도, 급격한 상승은 기대하기 힘들다. 투자 수요가 몰리기 힘든 지역 이미지가 상승의 걸림돌이 될 것으로 보인다.

• 전세가격: 2021년 말 대비 10% 하락

전세가격은 급격한 하락 없이 10% 소폭 하락하는 모습을 보일 것으로 예상된다. 구금관의 전세가격은 저금리가 유지되던 시기에도 급격한 상승이 없었기에 고금리 상황이라 해도 급격한 하락 없이 현재 수준에서 10% 내외로 소폭 하락에 그칠 것으로 보인다. 매매가격은 하락하고 전세가격이 유지된다면 깡통주택 이야기가 나올 가능성이 높다.

5) 서울 서남부: 강서구 / 양천구 / 동작구 / 영등포구

4개의 자치구는 개별적인 특성에서 차이가 많지만 매매가격이나 전세가격의 흐름에서는 큰 차이가 없을 것으로 판단되어 서남부로 묶어 설명한다.

• 매매가격: 2024년 말까지 50% 하락, 이후 소폭 상승 시작

서남부 지역은 공통적으로 서울의 다른 지역과 유사하게 최근 5년간 100% 상승하여 가격이 2배로 뛰었다. 그러나 금리 인상 기간 동안 기존의 상승분만큼 하락하여 2017년 1월의 가격 수준으로 돌아갈 것으로 보인다. 양천구 목동의 경우 목동신시가지아파트 39평형 가격이 10억 원에서 2021년 말 18억 원까지 상승하여 대략 80%의 상승률을 보였다. 재건축 추진에 따른 기대감 등 여러 요소가 반영된 결과라 할 수 있다. 이러한 기대감과 상승은 금리 인상기인 3년의 기간 동안 이전의 상승분을 모두 되돌려놓을 것으로 보인다. 즉 목동아파트는 18억 원에서 10억 원으로 돌아간다는 뜻이다. 양천구를 비롯한 강서구, 동작구, 영등포구도 비슷하리라 예상된다. 다만 여의도는 행정구역상 영등포구에 속하기는 하지만 가격이 떨어지지 않는 특이한 모습을 보이는 지역이 될 것이다.

• 전세가격: 2021년 말 대비 10~20% 하락

서남부의 전세가격은 저금리 기간 동안 꾸준히 연간 5~15% 내외의 상승을 기록했다. 특정한 시기에 급등 또는 급락한 모습을 보이지 않았기에 향후 고금리 상황에서도 급락의 가능성은 적다. 전세가격은 약간 내려가고 매매가격은 많이 내려간다면 전세가격이 매매가격보다 높은 상황이 펼쳐질 수 있다.

6) 서울 기타 지역: 은평 / 서대문 / 종로 / 중구 / 광진 / 성북 /

5장 인플레이션 시대의 부동산

동대문 / 중랑

앞에서 언급되지 않은 지역들을 기타 지역으로 묶었다. 지난 5년간 꾸준히 상승해서 100%의 상승률을 보인 지역도 있고, 2년 만에 갑자기 100% 상승한 지역도 있다. 이렇게 지역별로 세부적인 면에서 차이점이 많겠지만 가격 측면에서 대동소이할 것으로 보인다.

• 매매가격: 2024년 말까지 50% 하락, 이후 소폭 상승

서울 평균 가격의 흐름이 그대로 반영될 것으로 예상된다. 즉 기존 상승분만큼 고금리 기간 동안 하락하는 모습이 이 지역에서도 나타난다. 앞서 언급했던 것처럼 2017년 1월의 가격으로 회귀할 것이다. 이후 고금리에서 저금리로 전환되면 소폭 상승을 이어나갈 것으로 예상할 수 있다. 여기서 변수는 주택의 공급 수량이다.

• 전세가격: 2020년 7월 가격 수준까지 하락 후 점진적 상승

전세가격은 하락한다. 두 가지 이유를 들 수 있는데 첫째는 2020년 8월부터 시행된 임대차 3법의 영향으로 전세가격이 적정 수준 이상으로 상승했다는 점과 둘째는 금리 인상에 따라 전세대출의 규모가 줄어들 것이라는 점 때문이다. 2024년 말까지 지속적으로 하락하여 전세가격의 수준은 2020년 7월에 형성되었던 가격 수준까지 하락할 것이다. 이후 금리가 낮아지면 전세가격은 점진적 상승을 지속할 것으로 보인다. 이때의 상승폭은 매매가격과 마찬가지로 주택의 공급 수량에 따라 기울기가 달라질 것이다.

주요 수도권 지역

1) 1기 신도시: 분당 / 일산 / 중동 / 평촌 / 산본

1기 신도시는 윤석열 정부의 출범에 따른 수혜를 가장 많이 입을 것으로 기대되었다. 1기 신도시 특별법까지 만들어 재건축을 신속하고 활발하게 진행시킬 것이라는 공약이 있었기 때문이다. 그 영향으로 대통령 선거 이후 매매가격이 상승하고 매도자들이 매물을 거두어들이는 움직임이 관측되기도 했다. 이러한 기대감 역시 인플레이션과 금리 상승의 영향으로부터 자유롭지는 않았다. 재건축 기대감이라는 호재와 금리 인상이라는 악재를 저울에 올려보면 당분간 금리 인상에 더 무게가 실릴 것으로 보인다. 호재는 멀리 있지만 악재는 바로 옆에 있기 때문이다. 서울과 마찬가지로 5개의 1기 신도시 지역들은 매매가격과 전세가격의 하락을 피할 수 없다.

2) 2기 신도시: 김포 / 검단 / 판교 / 광교 / 동탄 / 평택 / 양주

2기 신도시는 이미 하락세가 본격화되었다. 일부 지역에서는 2021년 말 대비 50% 하락한 매물이 거래되고 있다. 2023년과 2024년 동안 이 지역은 추가적인 하락이 지속될 것으로 보인다. 전세가격은 하락폭이 크지 않지만 매매가격은 이미 50% 하락에 더해 계속 하락할 것이니 전세가격이 매매가격보다 높은 단지가 많아지고 관련한 뉴스가 자주 보일 것으로 예상된다. 실거주를 하는 소유자들뿐만 아니라 투자 목적으로 매입한 소유자들에게 힘든 2년이 될 것이고, 차후 금리가 낮아진다 해도 단기간에 이전의 최고 가격까지 오를지는 미지수다. 특히 3기 신도시가 2기 신도시와 인접한 지역에 공급된다는 점을 감안하면 2기 신도시의 가격 상승은 당분간 예상하기 어려운 상황이다. 전세가격 역시 낮아진 매매가격과 3기 신도시 공급 등으로 하락세를 지속하지 않을까 예측해 본다.

무주택자를 위한
부동산 전략 조언

　집을 소유하고 있는 사람에게 해줄 수 있는 조언이 '조금만 버티자'라면, 자기 소유의 집이 없는 사람들에게는 어떤 말을 해줄 수 있을까?

　앞에서 여러 번 강조했듯이 인플레이션 시대의 금리 인상은 부동산 가격을 하락시킨다. 내 집 마련을 계획한 무주택자들에게는 이전보다 낮은 가격으로 주택을 매입할 수 있는 기회가 많아진다는 뜻이기도 하다. 그럼에도 주택 매입이 쉽지 않은 이유는 추가적인 집값 하락의 가능성과 높아진 대출 부담 때문이다. 전 소유자가 대출 부담으로 싸게 내놓은 집을 샀는데 나 역시 대출 부담 때문에 또 집을 싸게 내놓아야 할 수도 있기 때문이다. 따라서 인플레이션 시기에 무주택자들은 2025년 이전에 주택을 매입하는 것이 좋은 선택이 될 것이다. 그 외 무주택자들이 취할 수 있는 몇 가지 부동산 전략을 제시해 보려 한다.

첫째, 전세보증금을 안전하게 관리해야 한다. 전세 기간이 만료되어 이사를 하려 할 때, 집주인들이 엉뚱한 소리를 하는 경우가 있다. 다음 세입자를 구할 때까지 기다려 달라거나 지금 전세 그대로 계속 유지하면 안 되느냐 등의 이야기다. 전세자금에 조금 더 보태서 주택을 매입하거나 다른 집을 전세 계약하려고 할 때 집주인의 협조가 없으면 난감한 상황이 되는 경우가 종종 발생한다.

사전에 내가 다른 곳으로 이사 가거나 주택을 매입하기 위해 전세보증금을 돌려받으려 할 때 집주인이 전세보증금을 제대로 돌려줄 수 있는지 확인해야 한다. 기본적인 조치 사항은 전세 만료 시기에 맞춰 계약 연장, 재계약, 계약 종료 중에서 어떻게 할 것인지 집주인에게 통보해야 한다. 즉 의사표시를 해야 한다는 것인데, 시기는 계약 만료 전 6개월에서 2개월 사이다. 계약이 반년 남은 시점부터 계속 집주인(임대인)에게 나갈 것인지, 안 나갈 것인지 둘 중 하나를 선택해서 알려야 한다. 서로 만나서 이야기를 하면 증거로서의 효력이 약해질 수 있으니 문자메시지, 카톡 대화 등으로 계약만료일, 계약 연장 유무를 확실히 통보하는 것이 좋다. 내용증명이 가장 확실한 방법이다. 6개월 전에 나가겠다고 이야기해 봤을 때 집주인의 반응을 보면 나중에 나를 고생시킬 사람인지, 깔끔하게 전세보증금을 돌려받을 수 있는지 대강의 견적이 나온다. 집주인에게 이야기하고 며칠 지난 후 네이버 부동산에 내 집이 전세 매물로 등록되어 있어야 한다.

주택의 매매가격은 물론이고 전세가격도 떨어지는 상황이다. 집주인 입장에서는 전셋값이 더 떨어지는 신규 계약을 하기보다는 기존의 세입자가 계속 거주하기를 바랄 수밖에 없다. 게다가 집주인이 전세보증금을 은행에 잘 모셔두는 경우는 별로 없다. 대부분의 경우 다음 세입자에게 받으면 된다는 생각으로 나한테 받은 전세금은 어딘가에 더 써버렸을 가능성이 높다. 집주인이 큰소리치면서 무조건 돌려주겠다고 해도 너무 믿으면 안 된다. 우리의 집주인님들, 생각보다 현금이 없다.

혹시 전세보증보험에 가입되어 있더라도 무조건 안심할 수는 없다. 그것도 결국 '보험'이다. 고지의 의무라든가 약관 위반 같은 몇 가지 트집을 잡아 보험금 지급이 거절될 수도 있다. 가입된 기관에 혹시 전세보증금을 돌려받지 못하는 경우 조치를 받을 수 있는지 사전에 확인해 봐야 한다.

둘째, 청약통장은 유지하는 것이 좋다. 부동산 가격이 하락하면 청약통장의 인기는 시들해질 수밖에 없다. 굳이 아파트에 당첨될 필요가 없기 때문이다. 청약에 당첨되어도 수익(일명 프리미엄)을 얻을지 불확실하고 청약통장의 이자율 역시 일반 시중은행에 비하면 낮은 수준이다. 연말정산에서 소득공제 혜택이 있다는 것을 제외하면 청약통장이 가진 본래의 기능이 작동되지 않는 상황이다. 그러니 청약통장을 유지하는 것보다 해지하는 것이 합리적 판단이다. 단기적 관점에서는 그렇다.

그럼에도 청약통장은 유지하는 것이 좋다. 앞으로 집값이 다시 오를 때를 대비하기 위해서다. 단기적 관점에서 보면 청약통장이 쓸모없을지 모른다. 하지만 중장기적 관점에서 청약통장이 없다면 나중에 부동산 가격이 상승세로 전환되었을 때 크게 후회할지도 모른다.

셋째, 주택 매입을 고려하고 있다면 2024년 이내가 좋은 타이밍이다. 2022년 여름에 시작된 부동산 하락세는 적어도 2023년 여름까지 유지될 것으로 예상된다. 인간은 적응의 동물이다. 금리가 높아진다 해도 이에 적응해서 자금 계획을 세우게 된다. 20년간 없었던 기준금리 인상과 고금리 대출이라는 충격에 당황스럽긴 하겠지만, 2023년 여름부터 조금씩 고금리에 적응하게 될 것이다.

주택 가격은 2023년 봄까지 지속적 하락세를 보이다가 여름부터 그 하락세는 점점 둔화되지 않을까 예상된다. 물론 이러한 예상은 다른 조건이 일정하다면, 즉 러-우 전쟁처럼 현재의 경제 상황에 영향을 끼칠 만한 다른 급격한 변수가 없다는 것을 기본 전제로 하고 있다.

주식이나 부동산을 가장 싸게 사는 방법은 오르기 직전 바닥에서 매입하는 것일 텐데, 바닥이 어디인지는 알 수 없다. 다만 2023년 말까지는 적어도 계속 바닥 근처에 있을 테니, 부동산이 상승세로 전환되기 전 미리 매입하겠다는 계획을 세워볼 만하다.

1주택자를 위한
부동산 전략 조언

집을 한 채 가지고 있든 두 채 가지고 있든 인플레이션과 고금리
는 주택보유수와 상관없이 모두에게 힘든 일이다. 그중에서도 1주
택자들에게는 현재의 상황이 가장 가혹하다. 무주택자들에게는 집
값 하락이 큰 타격이 되지 않고, 두세 채 가진 다주책자들에게는 상
황이 힘들면 가격을 낮춰서라도 주택을 팔 수 있는 선택권이 있기
때문이다.

하지만 1주택자들은 대출 부담에 집값 하락까지 이중고를 겪는
다. 특히 부동산담보대출 이외에 신용대출까지 동원해서 집을 샀다
면 정말 지금보다 앞으로가 더 막막할 수밖에 없다. 이런 깜깜한 상

황에 놓인 1주택자들은 현재의 상황에 어떻게 대처하면 좋을지 몇 가지 조언을 해보려 한다.

첫째, 보유한 주택을 처분해야 할지, 아니면 주택을 팔아 무주택자가 되고 전세자금대출을 받아 작은 집으로 옮겨야 할지 고민이 많을 것이다. 결론은 현재 주택을 계속 유지해야 한다는 것이다. 주택을 매입하기 위해 받았던 대출이자 부담이나 집을 옮겨서 전세대출을 받는 이자 부담이나 이자율에 있어서는 큰 차이가 없기 때문이다.

어쩌면 지금 보유하고 있는 주택에 대한 대출이자가 상승해서 생활을 위협하는 상황이 되었을지도 모른다. 게다가 대출이자는 앞으로 더 오를 가능성이 높다. 그럼에도 계속 버티겠다고 결심해야 한다. 집값 하락기라는 힘든 시기를 버텨내면 이후엔 집값이 다시 상승하기 때문이다. 1주택자들은 앞으로 최소 2년간은 고생할 것이다. 그러나 그다음 2년 후부터 조금씩 회복하는 시기를 맞이할 수 있다. 분명 대출이자 부담, 집값 하락에 대한 스트레스로 고난과 절망의 시간을 보내겠지만 이후에 얻게 되는 회복세는 결코 멀리 있지 않다.

주식 투자에서 우량주에 대해 Buy & Hold(매수 후 보유) 전략을 사용하듯, 현재 보유하고 있는 주택에 대해서도 힘들지만 지속 보유하는 것이 좋다. 그래야 집값 상승이라는 호재에 올라탈 수 있다. 그러니 눈 질끈 감고 향후 2년간 대출금리 10%를 기준으로 소득과 지출 계획을 세워봐야 한다. 바다를 건너는 배가 거친 파도와 폭풍을 만나면 불필요한 짐을 배 밖으로 던지는 것처럼 말이다. 금리의 폭풍을 만난 현 상황에서 제일 먼저 해야 할 일은 최대한 절제된 지출 계획을 수립하는 과정이다. 일단 살고 봐야 한다.

둘째, 주택 가격의 현실을 직시하고 그에 맞는 자금 계획을 세워야 한다. 주택 가격이 하락한다고 하는데 얼마나 빠질지 궁금할 것이다. 지역마다 다르겠지만 대략 2017년의 시세를 바닥이라 보면 된다. 즉 A라는 집이 2017년엔 4억 원이었다가 2021년 말에 7억 원이라면, 4억 원까지 하락할 것이라는 뜻이다. 대한민국의 집값은 2017년부터 상승하기 시작해서 5년간 가파르게 상승했다. 정부 정책이 집값을 잡기에 효율적이지 못한 탓도 분명히 있지만 큰 틀에서 보면 금리가 낮았기에 발생한 현상이다.

바꿔 말하면 현재의 고금리는 최근 5년간 이어졌던 상승분을 원위치로 돌리는 결과를 낳게 될 것이다. 2022년 11월 현재, 뉴스에서는 시세가 2년 전 가격으로 돌아간 지역도 있다고 이야기한다. 2023년에는 시세가 6년 전 가격으로 돌아간 지역이 많다는 뉴스를 심심찮게 볼 것이다. 그러나 가격이 밀린다 해도 2017년 수준보다 더 밑으로 내려가지는 않을 것이다. 2016년 말의 가격은 임대차 3법으로 인한 전세가격 교란현상도 없었고 정부의 잘못된 부동산 정책으로 인한 투기·투자심리가 본격화되지 않았던 시기였기 때문이다.

결론적으로 1주택자들은 단기적으로 집값은 2016년 말~2017년의 시세로 하락하고 대출금리는 10%인 상황을 가정해야 한다. 이 상황을 기준으로 자금 계획을 세워보도록 하자.

6장

인플레이션 시대의
보험

세상에
나쁜 보험은 없다

사람들은 저마다의 이유와 철학과 가치관을 가지고 인생을 살아간다. 이것이 말과 행동에 투영되고 결과적으로 알게 모르게 미래를 만들어간다. 즉 각자의 라이프 스타일은 모두 다르다는 이야기다. '보험' 역시 종류가 굉장히 다양하다. 우리나라에만 수천 수백 개가 존재한다. 하지만 자신의 라이프 스타일에 맞는 꼭 필요한 상품은 무엇인지, 어떤 회사에 그런 상품이 있는지 일반인이 알아보고 가입하기란 쉽지 않다.

인플레이션 상황에서 본인의 가치관이나 소비 스타일대로 보험에 가입하는 것은 쉽지 않은 일이다. 이미 실소득이 줄어들고, 대출

이자가 높아지는 상황에서는 더욱 그렇다. 당분간 보험은 최소보장만 받겠다는 접근이 필요하다. 나중에 삶이 여유로워질 때 보험의 규모를 늘려야 한다.

기억하자. 인플레이션 기간은 생활이 아닌 생존의 문제로 접근해야 한다는 사실을 말이다. 몇 년간은 옛날 조선시대 춘궁기와 비슷한 삶을 버텨내야 한다. 힘들게 버는 돈 중에 단 10원 한 푼도 함부로 사용해서는 안 된다. 적게는 1~2만 원부터 많게는 20~30만 원 이상까지 내는 보험료에 대해 완전히 파악하고 있어야 한다. 세상에 나쁜 개는 없다고 하지 않던가. 주인이 나쁠 따름이지 개가 무슨 죄인가. 마찬가지다. 세상에 나쁜 보험은 없다.

보험, 참으로 시장의 변화에 민감한 상품이다. 특히 경제가 어려워지는 시기에는 보험을 깨서 생활비에 충당하거나 보험료 납입이 연체되어 원하지 않게 보험 계약이 해지되는 경우도 많다. 인플레이션으로 경제 상황이 어려워진 수많은 가정이야말로 보험이 가장 필요한 상황임에도 이러한 가정이 가장 많이 보험을 깨는 아이러니한 상황이 벌어지는 것이다.

암보험이나 종신보험처럼 위험을 보장해 주는 원래의 기능에 더해 20년 전에는 펀드에 투자하는 변액보험이 출시되더니, 2015년부터는 저해지 보험, 무해지 보험이라는 콘셉트의 보험이 출시되어 판매되고 있다. 경제불황으로 고객들의 부담이 커지는 상황을 보험회사가 외면하지 않고 어떻게 하면 고객들의 부담을 줄이면서도 알차게 보장할 수 있을까 고민한 결과라고 볼 수 있다.

우리 보험이 달라졌다. 비싸게 느껴지던 기존의 각종 보험 가격이 낮아지기도 했고, 갖가지 상황에 대비해서 여러 가지 보험이 많이 생겨났다. 심지어 펫보험이라 하여 반려동물에 대한 보험도 생겨났다.

무해지, 저해지 보험까지 다양해진 보험상품

'해약환급금'이라는 것이 있다. 보험에 가입해서 꾸준히 보험료를 내다가 어느 순간 자금 사정이 어려워져 보험을 해약해야 하는 경우 보험회사가 고객에게 돌려주어야 하는 금액이다. 일종의 '환불'이라고 보면 된다. 보험회사는 환불할 것까지 확률을 미리 계산해서 고객에게 보험료를 받는다. 마치 백화점에서 할인행사에 대비해 미리 가격을 올려놓는 것과 같다.

무해지 보험, 저해지 보험은 '환불 불가'인 대신 과감하게 보험료를 낮추어주는 상품이다. 고객들은 나중에 혹시 모를 일을 대비해서 환불, 즉 해약환급금을 받을 수 있는 상품을 선택할지, 아니면 딱 필요한 만큼만 보험료를 내고 필요한 만큼만 보장받을지 선택할 수 있다.

무해지, 저해지 보험이 나오기 전에는 선택의 개념이라고는 없었다. 각 보험사 상품을 비교해서 어느 보험회사가 같은 보장을 가장 낮은 가격에 해주는지 알아보는 것이 그나마 똑똑한 보험 가입 요령이었고, 혹시라도 나에게 보험 가입을 안내해 주는 보험설계사가 S생명 소속이라면 다른 회사의 상품은 감히 물어보면 안 되는 상황이기도 했다.

하지만 무해지 보험, 저해지 보험상품이 새로 출시되었다 해서 무조건 좋은 것은 아니다. 동시에 무조건 나쁜 것도 아니다. 중요한 것은 고객들이 자신의 상황에 맞게 보험상품을 선택할 수 있게 되었다는 점이다. 예전과 비교하면 보험회사가 많이 달라졌다. 같은 보장 내역이라도 더 낮은 금액으로 보험에 가입할 수 있도록 해주었으니 말이다. 물론 그들이 순백의 천사와 같은 마음으로 이러한 상품을 출시한 것은 아니지만 '선택의 폭'이 추가되었다는 것만으로도 충분히 합격점을 줄 수 있다.

일반적으로 보험설계사들은 자신의 소속회사가 출시한 상품만 판매할 수 있다. S생명 소속이면 하늘이 무너져도 그 회사 상품만 판매해야 한다. 너무나도 정직한 보험설계사가 "고객님의 상황이면 저희 회사보다는 옆 회사 상품이 더 적당할 것 같습니다"라고 양보하는 경우를 보았는가? 단언컨대 없다.

그런데 GA라는 보험대리점이 점차 활성화되었다. 쉽게 표현하자면 보험 편집숍이라 볼 수 있다. ABC마트가 모든 신발 브랜드를 다 취급하듯이, GA 보험대리점은 생명보험과 손해보험을 다 취급하는 조직이다. 고객에게 맞는 상품이 어떤 것인지 각 회사의 상품을 모조리 조회해 보고 그에 맞는 보험을 권유할 수 있는 시스템이다. 이 역시 보험업계의 중요한 변화라 할 수 있다. GA 조직의 보험설계사를 만났을 때 "어? 당신은 특정 보험회사 소속이 아니네요?"라고 의아해할 필요가 전혀 없다는 뜻이기도 하다.

보험회사의 상품에도, 보험 판매 채널에도 큰 변화가 있었다. 현재도, 앞으로도 우리나라 경제에 우울한 그림자가 계속 드리울 것으로 예상되는 상황에서 각 보험회사가 생존을 위해 몸부림을 치고 있는 상황이라고 말할 수도 있을 것이다.

해지가 이득인
보험도 있다

모두가 생존을 위해 궁리하는 시기이니 우리도 보험에 대해 잘 알고 꼭 필요한 보험만 유지해야 한다. 생각해 보면 보험은 참으로 비싼 상품이다. 웬만한 보험상품은 최소 10년간 매월 납입해야 하니 한 달에 10만 원의 보험상품에 가입한다 해도 계산해 보면 1년에 120만 원으로 10년간 1,200만 원을 납입해야 한다. 고객들과 상담해 보면 가끔 안타까운 경우가 있다. 고객의 상황에 맞지 않는 상품인 게 분명한데 벌써 2~3년쯤 납입해 왔다고 할 때다. 계속 유지하자니 아깝고, 해약하자니 더 아까운 경우가 가끔 있다. 정말 말도 안 되는 상품이라면 외과수술하듯 과감히 잘라내야 한다. 어떤 보험을 이렇게 칼로 두부 자르듯 잘라내야 할까? 몇 가지 경우를 정리해 봤다.

CI보험

CI보험은 Critical Illess의 약자로 우리말로 하면 치명적인 질병, 중대한 질병이라고 할 수 있다. 의도는 좋다. 치명적인 질병을 치료할 때는 굉장히 많은 비용이 필요하기 때문에 별도로 중대질병에 대해 보장해 주겠다는 뜻이니 말이다. 그러나 착한 마음에서 출발한 이 상품의 결과까지 착하지는 않다. 과연 어떤 경우가 '치명적'인지, 치명적이지 않으면 보장이 안 되는지 명확하지 않기 때문이다. 암에 걸렸거나 뇌나 심장에 질병이 있는 경우라도 보험회사 판단에 치명적이지 않은 경우에는 보험금을 받을 수 없는 경우가 많다.

기본적으로 CI보험에서 말하는 중대한 질병은 암뇌심이라 하는데, 암, 뇌졸중, 급성심근경색증을 가리킨다. CI보험의 약관을 보면 암은 "침윤 파괴적", 뇌졸중은 "영구적인 신경학적 결손" 등 보장을 받기 위한 단서 조항이 달려 있는 회사가 있다. 비싼 보험료를 내면서도 정작 보장받기가 힘든 보험이라니, 과연 비싼 보험료를 낼 가치가 있을까?

만약 CI보험에 가입한다면 약관 등을 주의 깊게 살펴보고 가입해야 한다. 요약하면, CI보험은 가성비 측면에서 효율성이 매우 떨어지는 보험이라 할 수 있다. 단, 독신이면서 가족력이 있어 추가적인 보장을 희망하는 경우에는 유용하게 활용될 수 있다. 그 외의 상황이라면 가입하지 말거나 해지를 추천한다.

변액보험

변액보험은 '액수가 변한다'는 뜻을 가진 보험상품이다. 고객이 납부하는 보험료의 일정 부분을 펀드에 투자해서 성과가 좋으면 그만큼 고객에게 더 큰 보험금을 지급하겠다는 상품이기도 하다. 취지는 좋은데 문제는 그 방법이다. 계약하고 7년간은 고객의 보험료에서 15% 정도를 보험회사의 수수료로 떼어간 후 나머지 금액을 펀드에 투자한다. 100만 원을 넣으면 15만 원은 수수료로, 나머지 85만 원이 펀드에 투자된다. 85만 원으로 수익이 10% 난다 해도 85만 원+8만 5,000원 하면 93만 5,000원이 되는데 원금 100만 원에서 아직 한참 부족하다. 주식시장이 몇 배로 성장하는 상황이라면 수익률 10%는 어려운 일이 아니기에 2000년대 초반 변액보험은 고객에게 수익을 안겨주는 고마운 상품이기도 했다. 하지만 이제 더 이상 그런 식의 장밋빛 투자 상황은 아니기 때문에 변액보험은 그다지 매력 있는 상품이라 할 수 없다.

투자를 하고 싶으면 보험사를 통한 펀드 투자가 아닌 펀드에 직접 투자하는 것이 좋다. 증권사들은 대부분 연 3% 이내의 수수료를 떼어가기 때문이다. 이왕이면 유지비가 적게 드는 펀드가 좋지 않겠는가. 단, 보험회사의 변액상품은 펀드가 마이너스가 나더라도 고객에게 약속한 보험금은 틀림없이 지급한다. 일종의 원금보장이라 할 수 있다. 수수료를 많이 떼어가도 원금 보장되는 펀드 투자를 원한다면 해지가 아닌 유지가 답이다. 또한 다른 투자를 하지 않는 상황이라면 보험을 통해서나마 펀드에 투자하는 변액상품은 해지할 이유가 없다.

정리해 보자. 변액상품은 가입하지 않는 게 좋지만 예외적으로 예금 이외 다른 투자를 하지 않는 경우라든가 무조건 원금이 보장되는 펀드 투자를 희망한다면 변액상품은 나쁜 선택이 아니다. 앞서 처음 7년간 보험사 수수료가 15%라 했는데, 그 이후는 대략 5% 내외다. 여전히 증권사보다 수수료가 높다.

갱신형 보험

갱신형 보험은 '고객님이 납부하셔야 할 보험료는 지금 이 가격이지만 재계약하는 시점이 되면 이 가격이 아닐 수도 있습니다'라는 상품이다. 상황에 따라 고객이 내야 하는 보험료가 갱신되는 상품인데 대부분의 경우, 아니 무조건 가격은 오를 수밖에 없다. 일반적으로 갱신 주기는 20년인 경우가 많다. 30세에 월 5만 원으로 실손보험에 가입한 경우 50세가 되었을 때에도 5만 원으로 같은 보험을 계속 유지할 수 있을지 전혀 예측할 수 없는 상품이다. 젊은 시절 가입할 때는 낮은 가격으로 가입할 수 있지만 나중에 나이 들었을 땐 훨씬 높은 비용을 지불해야 하는 것이다. 마치 은행 대출이자가 '고객님, 당분간은 연 3% 적용되지만 20년 후에는 연 30% 이자율이 적용될지도 몰라요' 하는 것과 같다.

갱신형 상품은 장기적인 관점에서 보면, 보험의 서비스가 정말 필요할 때 이용할 수 없는 상품이라 볼 수 있다. 갱신형 상품으로 불안에 떨 것 없이 과감히 정리하고 비갱신형을 선택하는 것이 더 경제적인 선택이 될 수 있다. 단, 예외적인 경우는 있다. 20년 안에 보험회사에서 보험금을 받을 수 있을 것 같다면 나쁘지 않은 선택이 될 수 있고, 지금 당장의 급여 수준이 낮아서 나중에 보험 업그레이드하기 전까지만 보험상품을 유지하겠다는 계획이라면 갱신형 상품도 좋은 선택이 될 수 있다.

이쯤에서 궁금증이 생길지도 모르겠다. '해지해야 한다면서 가입하는 것이 좋을 수도 있다니, 대체 어느 장단을 맞춰야 하지?' 보험상품을 보면 상품 자체가 좋다 나쁘다 이야기하기 어렵다. 개인의 상황에 따라 판단이 달라질 수밖에 없기 때문에 일반적인 경우에는 나쁘지만 특수한 경우에는 좋을 수도 있다는 말을 할 수밖에 없다. 정치인처럼 빠져나갈 구멍을 만들어놓기 위해서가 아니라 보험의 정체가 그렇다.

적립형 보험

보험 상담을 하다 보면 가끔 이런 이야기를 하는 고객이 있다. "이 보험 말고 다른 분이 추천해 주신 보험은 나중에 만기되면 납입했던 금액을 다 돌려준다던데, 차라리 그게 낫지 않나요? 보험료 실컷 내고 나중에 돌려받지 못하면 아깝잖아요." 옳은 말이다. 보험회사는 혜택도 받지 못하고 만기가 되어 아까운 생각이 드는 고객들을 위해 적립형 보험을 준비해 준다. 만기되면 지금까지 낸 돈을 다 돌려받을 수 있는 아주 유혹적인 상품이기도 하다.

그런데 조금 깊이 생각해 보자. 이 상품은 고객에게 보험금을 돌려주기 위해 원래의 비용보다 더 비싸게 보험료를 내도록 하는 것이고, 이렇게 납부된 금액은 높은 이자율을 적용받지도 못한다. 조삼모사의 보험이라 할 수 있다. 여기에 더해 보험설계사는 매월 보험료를 기준으로 수당을 받기 때문에 욕심 많은 보험설계사가 강력 추천하는 경우도 간혹 보인다. 일명 '호구'가 되는 것이다. 보험은 소모품이다. 나중에 본전을 찾을 필요가 없다는 뜻이다.

원칙을 말하자면, 보험은 중도에 해약하면 분명히 손해 보는 상품이다. 계약을 유지하는 동안 혹시 모를 위험에 충실하게 대비해 주는 게 보험의 성격이다. 다만 어떤 보험은 일방적으로 고객에게 불리한 상품도 있기 때문에 중간에 해지하는 것이 경제적으로 더 이익인 경우가 있다.

부디 좋은 보험설계사를 만나서 지금 갖고 있는 보험에서 더 필요한 것은 무엇이고, 잘라내야 할 것은 무엇인지 제대로 된 조언을 얻길 바란다.

보험,
아는 만큼 보인다

무엇을 남기고 무엇을 자를 것인가를 선택하려면 보험에 대해 잘 알아야 한다. 보험의 종류를 알고, 나에게 꼭 필요한 보험이 무엇인지 판단할 줄 알아야 한다. 보험에도 유행이 있고, 아는 사람이 그 보험상품에 가입했다는 말을 들으면 귀가 솔깃해지는 것도 사실이다. 하지만 경제 상황이 좋든 아니든, 인플레이션 시대든 아니든 그건 돈이 새는 구멍을 더 크게 만드는 일과 같다. 보험 관리를 잘하는 것도 의미 있는 재테크다.

생명보험

보험이 어렵고 복잡한 이유는 너무 많은 보험회사가 너무 많은 상품을 출시하기 때문이다. 생명보험회사 25개, 손해보험회사 16개, 총 41개 회사에서 상품이 새로 출시되고, 여기에 우체국도 보험 사업을 하니 대략 40개 조금 넘는 회사가 계속 신제품을 쏟아낸다. 가끔 보험회사들이 '저희 간판 바꿉니다. 더 많이 사랑해주세요'라고 하니, 일반 소비자 입장에서는 어느 회사가 좋은지, 어떤 상품이 좋은지 판단하기 어려울 수밖에 없다.

다행인 건 은행의 예금이나 적금 상품과 마찬가지로 보험회사 상품도 서로 일정한 카테고리가 있고, 수많은 보험회사의 상품이 같은 카테고리 안에서는 큰 차이가 없다는 점이다. 은행 예금을 보면 어디 은행은 이자 몇 %, 또 어디 은행은 몇 %라 하더라도 결국 비슷비슷하다. 보험회사도 마찬가지다. 그래서 40개 넘는 보험회사가 뽑어내는 각종 보험상품의 카테고리를 준비했다. 이 카테고리를 잘 파악하면 나의 보험 점검에 많은 도움이 될 것이다.

1) 종신보험과 정기보험

음식을 크게 한식, 중식, 일식 등으로 나누듯이, 보험도 크게 생명보험과 손해보험으로 나뉜다. 생명보험은 크게 다치거나 사망할 때를 대비하는 용도이고, 손해보험은 입원이나 통원치료처럼 병원비 지출에 대비하는 용도라 할 수 있다. 우선 생명보험부터 살펴보자.

① 일반종신보험

1990년대 종신보험이 처음 한국에 도입됐을 때 판매되던 형태를 가리킨다. 납입한 보험료 중 사업비를 차감한 일정 부분의 보험료가 해지환급금으로 적립되는 형태의 기본적인 구조다.

② 변액종신보험

일반종신보험을 판매하던 중, 종신보험의 비싼 보험료와 생각보다 낮은 해지환급률 탓에 판매율이 저조해지자, 보험회사들은 다양한 기능을 탑재한 종신보험을 출시한다. 그중 하나가 변액종신보험인데, 일반종신보험과 비슷한 구조를 가지고 있지만 납입보험료 일부를 회사에 쌓아두는 것이 아니라 펀드, 채권, 주식 등에 투자를 하여 운용실적에 따라 수익을 배분하는 보험이다. 수익이 아주 좋으면 해지환급금이 원금 이상이 될 수도 있지만, 반대로 손해가 크면 일반종신보험보다 해지환급금이 낮아질 수도 있는 복불복 보험이기도 하다.

③ 유니버셜종신보험

변액종신보험의 출시로 해지환급금의 활용도에 사람들의 관심이 쏠리자 보험사에서는 또 하나의 기능을 탑재한 보험을 출시하는데, 그것이 바로 '유니버셜'이라는 기능이다. 유니버셜은 쌓여 있는 해지환급금의 일부를 중도에 일정 부분 인출하거나 보험료를 추가적으로 납입해서 해지환급률을 높이는 나름의 고급 기술이다.

④ 저해지종신보험

종신보험에 대한 중요성과 필요성이 점점 증가하고 있지만, 종신보험의 가장 큰 단점은 고액의 보험료였다. 그래서 종신보험은 '한 가정의 가장만 가입하는 보험'이라는 인식이 컸다. 그러자 많은 보험회사들이 다양한 고객층을 확보하기 위해 종신보험의 보험료를 낮추는 방안을 제시하고, 그렇게 해서 나온 보험이 저해지종신보험이다. 일반종신보험과 비교해서 중도해지환급금을 덜 받는 대신, 저렴한 보험료로 가입할 수 있는 형태의 보험이다. 납입기간 중에는 해지환급금이 30%를 넘지 않는 수준이지만, 납입기간 이후에는 해지환급금이 크게 늘어나는 상품으로 중도해지를 하지 않으면 일반종신보험보다 유리한 상품이다. 문제는 중도해지를 하는 경우가 많다는 것. 이것만 극복하면 좋은 상품이다.

⑤ 무해지종신보험

저해지종신보험보다 더 저렴한 종신보험이다. 구조는 저해지와 비슷하지만 무해지종신보험은 납입기간 중에는 해지환급금이 하나도 없는 형태로서 일반종신보험과 비교했을 때 일반적으로 30% 수준의 저렴한 보험료로 가입이 가능하며, 납입기간 이후에는 해지환급금이 일반종신보험과 똑같이 맞춰지기 때문에 상대적으로 원금보다 많은 금액의 해지환급금을 받아갈 수 있다. 이렇게 좋은 보험이니 나라에서 그냥 놔둘 리 없다. 2020년 10월부터 정부 규제가 시작되어 지금은 판매하는 보험회사가 거의 없다. 혹시 무해지종신 보험에 가입할 수 있다면 당신은 아주 운이 좋은 편이다.

이렇게 생명보험은 크게 종신보험과 정기보험으로 나뉜다. 두 개 상품의 기본적인 구성은 비슷하다. 혹시라도 큰 질병에 걸리거 나 사망하면 약속된 금액을 지급하겠다는 것인데, 종신보험은 이러 한 약속기간(보장기간)을 평생으로 두는 것에 비해 정기보험은 보장 기간을 70세, 80세 등으로 한정한다는 점에서 차이가 있을 뿐이다.

보험회사 입장에서는 종신보험에 가입한 사람에게는 약속된 사 망보험금을 지급할 확률이 100%다. 사람은 누구나 죽으니까 말이 다. 반면 정기보험은 사망보험금을 지급할 확률이 100%는 아니다. 80세까지의 기간을 정한다고 했을 때 그보다 일찍 사망할 수도 있 지만 사고 없이 건강하게 90세, 100세까지도 살 수 있기 때문이다. 이러한 확률 차이는 매월 납입해야 하는 보험료에 영향을 미친다. 즉 종신보험은 비싸고 정기보험은 부담이 덜한 편이다.

그럼 구체적으로 종신보험과 정기보험의 가격을 살펴보자. 먼저 종신보험이다. 삼성생명 통합생애설계플러스 유니버셜종신보험이 라는 긴 이름을 가진 상품을 30세 여성, 사망보험금 5,000만 원, 1 억 원, 20년 납입 조건으로 각각 보험료를 계산해 보니, 사망보험금 5,000만 원이면 월 납입료가 9만 1,500원, 사망보험금 1억 원이면 월 납입료가 18만 3,000원이다.

이번에는 가격 부담이 덜한 정기보험 가격을 보자. 삼성생명 인터넷정기보험6.0 상품을 보면, 똑같은 조건으로 70세까지만 보장되는 것으로 계산해 본 결과, 사망보험금 5,000만 원이면 20년 납입 조건으로 한 달에 8,500원, 사망보험금 1억 원이면 한 달에 1만 7,000원으로 가입 가능하다. 혹시 보장을 크게 해서 사망보험금을 1억 5,000만 원으로 한다면 월 보험료는 2만 5,500원이다.

참고로 지금 예시되는 보험료는 다른 아무런 조건 없이 오로지 사망 시 보험금을 받는 것만으로 계산한 것이고 여기에 각종 옵션들 넣으면 가격 변동은 있을 수 있다. 가격에 대한 감을 잡기 위한 예시라는 점을 참고하자.

2) CI보험과 GI보험

CI보험은 이미 앞에서 해지가 이득인 보험으로 언급한 적이 있다. 나는 보험 관련 강의를 할 때 CI보험과 GI보험에 대해서는 가급적 가입하지 말라고 조언한다. 가성비도 떨어지고 보장하는 범위도 그다지 넓지 않기 때문이다. 처음에 이 보험이 출시됐을 때는 '알파걸'을 위한 보험이라는 콘셉트로 많이 판매되기도 했으나, 최근에는 여러 가지 단점이 부각되어 다행히도 인기가 시들한 상품이다. 무조건 하지 말라면 궁금증과 반발심이 생길 것 같아 이유를 설명해 보려 한다.

① CI보험: 중대한 질병을 보장하는 보험

CI는 Critical Illness의 약자다. 말 그대로 중대한(Critical) 질병(Illness)에 대한 보장 위주의 상품이다. 상품설명을 보면 중대한 질병을 '중대한 암, 중대한 뇌졸중, 중대한 급성심근경색, 말기신부전, 말기간질환, 말기폐질환'으로 설정하고 있다. 여기에 옵션으로 중증재생불량성빈혈, 루게릭병, 일상생활장해, 중증치매까지 포함한다. 보기만 해도 무섭고 고통스러운 이런 질병에 걸리면 보험가입금액의 80%를 미리 지급해 주는 상품이다.

가격을 보면 주 계약 1억 원, 20년 납입 기준으로 D생명의 수호천사OOO CI보험은 40세 남성 29만 7,500원, 여성은 25만 5,905원이다.

② GI보험: 일반질병까지 보장하는 보험

CI보험이 비싸기만 비싼 보험이라는 인식이 커지자 보험회사들은 CI보험의 단점을 보완하여 GI보험을 내놓는다. 기존의 중대한이라는 'Critical'을 일반적이라는 뜻의 'General'로 대체한 것이다. 즉 일반적 질병보험이라고 보면 된다. 이 보험은 기본적으로 종신보험인데 여기에 일반질병까지 보장범위와 보장금액을 넓힌 상품이라 보면 된다. 기본적으로 옵션이 조금 비싼 종신보험이다.

기본적으로 보장해 주는 질병은 각 보험회사마다 차이가 있지만, '일반암, 뇌출혈, 급성심근경색, 말기신부전, 말기간질환, 말기폐질환'은 보험회사에서 공통적으로 보장해 주는 질병이다. 혹시 가족력이 이에 해당한다면 가입하는 것이 좋은 대비법이 될 수 있다. 가족력이 없다면 특별히 더 비싸게 가입할 것까지는 없다.

가격을 보면 주 계약 1억 원, 20년 납인의 경우, 40세 남성 26만 9,990원, 여성 22만 6,086원이다. 일반적인 종신보험이 기본계약을 기준으로 20만 원을 넘지 않는다는 점을 감안하면 굳이 일부러 가입할 이유를 찾기 힘들다.

CI보험이나 GI보험 모두 가입을 추천하지는 않는다. 가성비가 매우 낮기 때문이다. 이 보험들이 보장범위가 넓고 낮은 가격으로 가입할 수 있다면 추천하겠지만, 이런 보험은 가격이 높다. 가족력이 있지 않은 이상, 높은 가격을 지불하고 얻을 수 있는 혜택이 많지 않다. 가성비 측면에서 만족스럽지 못하기 때문에 CI보험, GI보험은 하지 않는 것이 이득일 수 있다.

질병의 범위가 제한적인 것도 추천하지 못하는 이유다. CI보험과 GI보험 모두 보장되는 질병의 범위가 제한적이다. 보장되는 질병의 종류를 정해놓는다는 것은 곧 목록에 없는 질병은 보험료를 못 준다는 뜻이다. 보험에는 들어놓았는데, 목록에 없어서 보장을 못 받는 상황이 생길 수 있다. 질병을 고를 수 있는 것도 아닌데, CI보험과 GI보험은 보장받을 수 있는 질병에 걸릴 것을 요구한다.

손해보험

손해보험(실손보험)은 종류가 많다. 원칙상 재산상 손해가 예상되는 경우 보험상품을 만들 수 있기 때문이다. 일반적으로 병원비, 치료비를 보장해 주는 실손보험 이외에도 치아보험, 간병보험, 자동차보험, 운전자보험에 더해, 심지어 골프보험과 펫보험까지 있다. 각 손해보험의 종류만 간략히 나열해도 분량이 너무 많을 정도다. 우선 기본적인 실손보험의 변천사와 기본적인 실손보험에 대해 설명한 후, 나머지 보험을 별도로 설명하려 한다.

1) 실손보험의 변천사
• 2009년 10월 이전 가입(표준화 이전)

2009년 10월은 실손보험이 표준화가 된 시기다. 이전에 가입한 고객은 표준화 이전 실손보험이기 때문에 가입한 회사마다 상품이 상이하다. 회사마다 가장 좋은 조건을 제시한 시절이기도 한데, 가장 큰 특징은 자기부담금 없이 100% 보장이 가능하다는 것이다. 다만, 만기가 80세, 100세이고 갱신주기가 3년, 5년이기 때문에 한 번 갱신했을 때 갱신폭이 굉장히 크다는 아쉬움이 있다.

• 2009년 10월(표준화 1세대)

2009년 10월에 실손보험이 표준화되면서 모든 보험사가 상품을 통일한다. 자기부담금 10%가 생기고 갱신주기가 3년으로 통일

되면서 표준화 이전 실손보험보다 갱신폭이 조금 적기는 하지만, 여전히 갱신 시 보험료가 높은 수준에 포함된다.

• 2013년 4월(표준화 2세대)

이전까지의 실비 만기가 80세 혹은 100세였다면, 2013년 4월 이후의 실손보험은 15년 만기 후 재가입 형태로 변한다. 갱신주기는 1년으로 줄어들고, 이때부터 선택형과 표준형 실비가 등장한다. 표준화 1세대와 비교해 봤을 때 선택형은 보장이 동일하고, 표준형의 경우만 자기부담금이 20%로 늘어나 선택의 폭이 넓어진다. 즉 많이 나빠지지는 않았다.

• 2015년 9월(표준화 3세대)

표준화 2세대와 비교했을 때, 선택형의 자기부담금을 상향해서 조정한 시기로 큰 변화는 없다.

• 2017년 4월(착한실손보험)

2017년 4월 이전까지 실손보험은 보장성보험에 끼워팔기 형태로 판매되는 것이 일반적이었다. 그러다 보니 보장성보험료보다 실손보험의 보험료가 높아지는, 배보다 배꼽이 커지는 상황이 생겼고, 가입자들의 불만은 커졌다. 따라서 이때부터는 실손보험의 끼워팔기가 금지되고, 단독 실손보험으로만 가입이 가능해진다. 또한 이전에 실손보험 끼워팔기의 피해자가 별다른 심사과정 없이 착한실손보험으로 전환할 수 있도록 변경되기도 했다. 착한실손보험은 표준화 3세대와 비교해 봤을 때 보험료가 16% 정도 저렴한 편이다.

2) 실손보험의 종류

① 종합보험: 의료비 보장보험

종합보험은 사망보험금에, 입원비 지원은 물론이고 각종 질병에 대한 진단, 수술비까지 지원되는 보험이다. 말 그대로 보험을 생각할 때 '이 정도는 돼야지' 하는 모든 기능이 다 들어 있다고 보면 된다. 상품 이름을 적절하게 잘 지었다고 할 수 있다. 종합보험이 좋기는 한데, 어려운 선택을 해야 한다. 갱신형이냐 비갱신형이냐의 선택이 그것이다.

생명보험과 달리 손해보험은 갱신형과 비갱신형이 있다. 갱신형은 일정 기간(대략 3~5년)이 지나면 보험료를 다시 계산해서 납입해야 할 보험료가 변경되는 상품이고, 비갱신형은 이런 변동 없이 한번 정한 보험료가 계속 적용되는 상품을 가리킨다. 은행의 대출 상품을 생각해 보면 이해가 쉽다.

은행 대출은 고정금리 대출과 변동금리 대출이 있다. 고정금리 대출은 처음에 정한 이자율이 계속 적용되는 방식이고, 변동금리 대출은 대출 이후 일정 기간이 지나면 경제 상황에 따라 이자율을 높이거나 낮춘다.

갱신형 보험은 보험료가 변경 가능하다는 점에서 은행의 변동금리 대출과 비슷하고, 비갱신형 보험은 고정금리 대출 상품이라 생각하면 된다. 다만 차이가 있다면, 은행의 변동금리 대출은 한국은행 기준금리가 낮아지면 고맙게도 대출이자율이 낮아지는 경우

도 있는데, 보험에서 갱신형은 보험료가 내려가는 경우는 없다. 무
조건 위로 올라간다는 특징이 있다. 다시 한 번 정리하자면, 갱신형
은 앞으로 내야 할 보험료가 올라가는 대신 지금은 가격이 낮고, 비
갱신형은 앞으로도 보험료는 변하지 않지만 지금 가격이 높은 보험
이다.

② 자동차보험
• 책임보험(대인배상1, 대물배상)

자동차 소유자가 의무적으로 가입해야 하는 보험으로 미가입
시 과태료가 부과된다. 1년 만기 형태로 가입하며, 1년 뒤에는 재가
입을 해야 한다. 책임보험은 크게 '대인배상1'과 '대물배상'으로 나
뉘는데, 대인배상1은 자동차사고로 타인을 다치게 하거나 사망에
이르게 한 경우 이에 대한 손해배상을 보장하고, 대물배상은 사람
이 아닌 타인의 재물에 대한 손해를 가입한도 내에서 보상하는 담
보로 나뉜다.

• 종합보험(대인배상2, 자기차량손해, 무보험차상해)

종합보험은 선택적으로 가입이 가능하며, 담보를 추가할 경우
당연히 보험료가 상승한다. '대인배상2'의 경우 책임보험의 대인배
상1보다 초과하는 손해에 대해 보장해 주는 담보다. 자기신체 사고
는 차량 소유자 본인과 그 직계가족이 다쳤을 경우 보상받는 담보
로 구성된다.

'자기차량손해'는 자신의 자동차가 다양한 원인으로 인해 파손됐을 시 수리비를 보상받는 담보이며, 차량 가액에 따라 보험료가 달라진다. '무보험차상해'는 무보험차나 뺑소니 차량에 본인 또는 직계가족이 사상을 입을 때 보상하며, 가입자가 다른 무보험차를 운전하다 사고를 냈을 때도 기준에 따라 보상받을 수 있다.

③ 운전자보험

말 그대로 운전자를 위한 보험이다. 자동차 관련해서는 이미 자동차보험으로 다 보장받을 수 있지 않냐고 생각할 수 있다. 맞기도 하고 틀리기도 하다. 자동차보험은 가입자 본인의 차량을 운전하다가 남에게 발생하는 피해(대인, 대물)를 보상해 주고, 여기에 더해 본인에게 발생한 신체 및 차량 피해를 보상해 준다.

하지만 운전자보험은 운전 차량에 관계없이 보험에 가입된 사람이 운전할 때 발생할 수 있는 신체적 피해와 법적 비용을 보상한다. 여기서 운전자보험의 핵심이 나오는데, 바로 '법적 비용'이다. 조그만 사고가 나도 바로 뒷목 잡고 쓰러지면서 드러눕는 우리나라 교통사고의 일부 폐해를 보면, 내가 피해자인데도 억울하게 과실비율이 많아 가해자가 되기도 하고, 민식이법으로 인해 어린이보호구역에서 사고가 난 탓에 억울한 경우를 당할 수도 있다.

운전자보험은 이런 경우를 대비하는 것이 핵심 기능이다. 자동차사고 나서 범퍼 교체하고 렌트하는 것들은 자동차보험의 영역이고, 운전자의 억울함을 풀어주는 것은 운전자보험이라 할 수 있다. 비슷하면서도 보장해 주는 영역이 다르다고 할 수 있다.

가격도 다르다. 자동차보험의 경우 연간 기준 50만 원에서 200만 원 이상인 경우까지 자동차 가격과 보장 옵션에 따라 가격대가 달라지는데, 운전자보험은 연간 10만 원~20만 원 선에서 가입 가능하다.

최근 자동차보험은 특약으로 운전자보험 기능까지 제공하는 경우가 많으니 이왕 의무적으로 가입하는 자동차보험이라면 여기에 운전자보험 특약까지 넣어서 웬만한 경우를 모두 대비하는 것이 현명하다.

참고로 운전자보험으로는 자동차사고를 통해 내가 다치는 것을 보장받을 수 있기 때문에 혹시 모를 사고를 통해 자동차보험료가 오르는 것을 어느 정도 막을 수도 있다.

④ 치아보험

치아보험은 해도 후회하고 하지 않아도 후회하는 상품이다. 치과 치료는 그 특성상 한번에 목돈이 들어간다. 이가 아파서 치과에 찾아가면 신경치료를 해야 하고, 아주 심한 경우 임플란트도 해야 한다. 치아 하나 신경치료하고 덮어주면 60만 원, 임플란트까지 하면 100만 원 이런 식이다. 치아보험은 이렇게 부담스러운 치료 비용을 보험을 통해 미리 대비하는 상품이다. 가격은 대략 한 달에 2

만 원에서 3만 원 내외다.

치아보험에 가입했으니 자신 있게 치과에 가서 아픈 건 무조건 다 치료해도 될까? 물론 아니다. 일단 2년까지는 기다려야 한다. 보험회사에서 보장해 주는 금액을 100% 다 받으려면 2년을 채워야 한다는 뜻이다. 기간을 다 못 채운 상태에서 치과 치료를 받으면 감액이라 하여 절반 정도만 보장받을 수 있다. 참고로 치아는 남겨두고 상한 자리에 아말감, 레진, 금을 씌우는 치료 방식을 보존치료라 하는데, 비용은 개당 50만 원 내외이며, 치아를 뽑아내고 틀니, 브릿지, 임플란트 등을 하는 보철치료는 개당 100만 원 내외의 비용이 든다.

그럼 이제 가성비를 따져보자. 한 달에 2만 원 보험료를 내는 A 고객이 있다면, 1년에 24만 원씩 2년간 48만 원을 내야 안심하고 치과 치료를 받을 수 있다. 마침 치료받을 치아가 하나 있다고 했을 때 임플란트를 하지 않고 보존치료를 받으면 40만 원까지 지원받을 수 있다. 계산해 보면 40만 원의 보장 혜택을 받기 위해 48만 원을 내야 하는 것이다.

혹시 치료받아야 하는 치아가 많다면? 물론 한도가 정해져 있다. 대부분의 치아보험은 보존치료비 20만 원 또는 40만 원으로 한도가 정해져 있다. 임플란트 치료는 100만 원 또는 200만 원으로 한도금액이 정해져 있다. 물론 광고에서는 연간 무제한으로 치료받을 수 있다고 하는데 틀린 말은 아니다. 아무리 치료를 많이 받아도 한도액까지만 지급받을 수 있을 따름이다.

결과적으로 치과보험은 취지가 좋기는 하지만 실제로 얻는 이익은 별로 없는 상품이다.

⑤ 암보험

암보험은 말 그대로 암 치료비를 보장해 주는 보험이다. 암보험은 암진단금, 암수술비, 암입원비 등 암 치료와 직접적으로 관련된 담보를 보장한다. 요즘은 종합보험에 암 관련 담보를 추가하여 가입하는 경우가 많고, 암진단금이 부족하다 싶으면 단독형 암보험을 추가 가입하는 것도 가능하다. 우리나라 사람들이 가장 두려워하는 질병이 암이기 때문이다.

암세포는 머리카락 빼고 어디든 생길 수 있다는 말이 있을 정도로 다양한 신체 부위에서 발생한다. 최초 암세포가 발생한 부위를 보험사에서는 '원발부위'라고 정의한다. 예를 들어 갑상선에서 최초 암이 발생하여 위암으로 전이됐다 하더라도 보험사에서는 갑상선암 진단금만 보장해 주는데, 그렇기 때문에 보험사에서 정해놓은 암의 종류에 대해 알아두어야 한다.

최근에는 암발병률이 높기 때문에 보험사 입장에서도 암진단금 지급이 많이 이루어지고 있다. 그렇기 때문에 보험사에서는 고객의 역 선택을 막기 위해 여러 안전장치를 준비했는데, 크게 면책기간과 감액기간이다.

우선 면책기간은 암보험에 가입한 날로부터 90일 동안은 어떠한 암에 걸리더라도 보장받을 수 없다. 감액기간은 암보험에 가입한 날로부터 1년 혹은 2년 안에 암진단을 받았을 시, 약정한 진단금의 50%만 지급되는 기간을 가리킨다. 상품마다 감액기간은 1년, 2년으로 다르기 때문에, 이 부분도 가입 시 꼭 확인해야 한다.

요즘 의료기술이 발전하면서 3기나 4기의 암을 제외하고 초기 암인 경우는 의료기술의 부족으로 사망하는 경우는 많이 사라지고 있다. 오히려 암치료비를 감당하지 못해 치료를 포기하고 사망하는 경우가 더 많다. 그렇기에 암진단금의 중요성이 대두되고 있는데, 암진단금의 보험료는 아주 비싼 편이다. 내 월급은 정해져 있는데 암진단금도 준비해야 하니 부담될 수밖에 없다. 그럼에도 암진단금을 준비해야 하는 이유는 바로 '가족' 때문이다. 암진단을 받으면 다니던 직장을 그만두고 치료에만 전념해야 하는데, 그러면 본인이 담당하던 소득에 공백이 생기고, 그 부담은 고스란히 가족들이 짊어진다. 더 큰 문제는 암에 걸린다고 해서 바로 죽는 것도 아니고 병원을 오가며 드는 차비, 밥값, 휴대전화 요금 등 숨만 쉬어도 비용이 발생한다는 점이다. 보통 암치료에 소요되는 기간은 6개월~1년 정도다. 따라서 본인의 1년 연봉만큼은 암 진단비로 준비해 두는 게 좋다.

인플레이션 시대의
영리한 보험 세팅

지금까지 설명했듯이, 인플레이션 시대의 보험은 '생존'을 목표로 설계해야 한다. 각자의 인생 계획이나 가치관에 따라 어떤 보험에 가입하고 어떻게 설계할지는 다르다. 그럼에도 삶에 있어서 필수적으로 가져가야 할 보험, 시대 상황에 따라 꼭 필요한 보험은 대동소이하다. 어떤 보험을 가입해야 하는지, 또는 피치 못할 상황에서 가지고 있던 보험을 정리해야 할 때 '어떤 것을 남기고 어떤 것을 없앨지'에 대해 이야기해 보자.

생명보험은 목숨을 잃었을 때 그에 대한 보험금을 받는 상품이다. 과거의 생명보험은 혹시라도 내가 사망했을 때 남겨질 가족들을 위한 상품으로 인식되기도 했다. 내가 사망하고 가족 앞으로 10억, 20억을 남김으로써 평생의 생활을 보장해 줄 수 있으면 좋겠지만, 지금처럼 인플레이션 상황에선 극강의 가성비를 추구할 수밖에 없다. 종신보험으로 보험료 다이어트를 해보자. 지금 상황에서는 종신보험보다는 정기보험을 추천한다.

생명보험회사 입장에서 종신보험은 어차피 고객에게 한 번은 보험금을 지급할 수밖에 없다. 사람은 누구나 죽으니까 말이다. 그러니 보험료가 높을 수밖에 없다. 반면 정기보험은 '70세까지만 보장'한다. 고객이 65세에 사망하면 약속된 보험금을 지급하지만, 73세에 사망한다면 보험금을 주지 않아도 되는 상품이다. 야속하게 보이기는 하지만 그만큼 보험료를 낮게 적용할 수 있다.

당신은 70세까지 주식이나 부동산 등으로 남은 가족에게 물려줄 재산을 미리 쌓아둘 수 있을 것이다. 그러면 보험상품으로까지 거액을 물려줄 필요가 없는 상황이 될 것이다. 약간 잔인한 표현을 해보자면, 사망 시 본인 장례비 정도만 남기는 것으로 최대한 보험 다이어트를 해보자.

사망할 때 5,000만 원으로 보험금을 정해본다면 생명보험의 부담을 많이 낮출 수 있다. S생명 다이렉트 상품인 '삼성 인터넷 정기보험 7.0 무배당'을 살펴보자. 32세 남자 기준으로 계산해 보면 20년 납인 경우, 사망보험금은 5,000만 원이며 월 보험료는 1만 8,500원, 사망보험금 1억 원이면 월 보험료는 3만 7,000원이다.

순수하게 70세까지의 사망에 대해서만 보장해 주는 상품이다. 어디가 아프거나 다치는 것은 해당사항이 없다.

생명보험의 사례로 삼성생명을 들었는데, 보험회사들은 상품구성과 보험료 구성에 있어 큰 차이 없이 비슷하기 때문에 다른 보험회사를 마음에 두고 있다면 그곳에서 가입하면 된다.

정리하자면, 70세까지만 보장기간을 정하고 금액은 본인 장례비 정도만 책정하는 것이 가성비 극강이다. 인플레이션이 지나면 그때 생명보험을 추가하는 걸 추천한다.

손해보험은 질병이나 부상 등으로 병원비가 발생하면 이를 80% 정도 보장해 주는 상품이 대부분이다. 여기서 포인트는 건강보험을 통해 지원받는 금액은 해당사항이 없다는 것이다. 즉 순수하게 내 지갑에서 지출된 금액만을 대상으로 한다. 예를 들어 A병원에 가서 의료서비스를 받았는데 총 30만 원이 나오고, 이 중 건강보험에서 20만 원을 지원받아 나의 지출이 10만 원이었다면 손해보험(실손의료비 보험상품)은 내 순수지출 10만 원의 80%인 8만 원만 보상해 준다는 뜻이다.

손해보험회사에는 대단히 미안한 말이지만, 우리나라 건강보험은 놀랄 정도로 잘되어 있다. 손해보험에 가입해서 병원비를 지원받을 필요가 거의 없을 정도다. 물론 건강보험은 비급여 항목이라 해서 좀 더 업그레이드된 약품이나 진정제에 대해서는 지원을 안 해준다는 단점이 있다. 하지만 이미 국가에서 운영 중인 건강보험이 손해보험의 기능까지 일정 부분 감당해 준다. 직장인들이라면 내 소득의 3.5%, 자영업자나 프리랜서는 소득의 7.1%를 이미 보험료로 납부하고 있으니 손해보험에 따로 가입하는 것은 특별한 경우를 제외하면 굳이 필요하지 않다. 손해보험사의 일반적인 실손의료비보험은 한 달에 4만 원 정도면 VIP 고객이 된다. 앞으로 3년간은 병원 갈 일이 없도록 더욱 신경 써야 한다. 나중에 경기가 좋아지면 그때 손해보험회사의 VIP 고객이 되면 된다.

물론 자동차보험과 운전자보험은 부족하게 가입하면 안 된다. 자동차보험에는 책임보험과 종합보험이 있는데, 책임보험은 법적으로 부여된 최소한의 의무만 다하는 자동차보험이고, 종합보험은 최소치의 보험에 추가적인 옵션이 들어간다. 사고 안 나면 생돈 날린다는 생각으로 자동차보험에 가입할 때 최소한의 비용만 들어가도록 책임보험만 가입하는 경우가 있는데, 인플레이션과 금리 상승의 불경기 상황이라도 자동차보험만은 남들 부럽지 않게 가입해야 한다. 특히 가입해야 하는 옵션은 자차(자기차량손해) 옵션과 운전자보험 특약이다. 사고 났을 때 내 차도 고쳐야 하고, 혹시 어린이보호구역에서 사고가 나면 변호사의 도움도 받아야 한다. 결론적으로 자동차보험은 종합보험에 가입하고, 자차 옵션을 넣은 뒤, 운전자보험 특약을 넣으면 된다.

7장

원자재 투자도
대안이다

인플레이션,
원자재 투자의 기회

현재의 인플레이션 상황은 우리에게 매우 생소하다. 기존의 주식이나 부동산 위주의 투자에서 대체투자라 불리는 방법을 선택하는 것이 도움이 될 수 있다. 대체투자^{Alternative investment}란 주식과 채권 등 전통적인 투자^{Traditional investment}와 비교하여 사용하는 상대적인 개념으로, 주식과 채권을 제외한 모든 투자 상품에 대한 투자를 가리킨다. 거창하게는 뮤추얼펀드, 헤지펀드, 부동산, 사기업투자펀드, 벤처캐피탈, 원자재투자펀드, 인프라펀드 등이 있고, 우리의 재테크와 연관 지어서는 금, 달러, 국제원유 등의 제도권 대체투자와 스니커테크 등 신기술이 접목된 투자를 생각해 볼 수 있다. 대체투자의 많은 종류 중에서 원자재 투자로 접근할 수 있는 방법을 알아보자.

첫 번째, 금 투자다. 금은 생소하지는 않은 투자 대상이다. 다만 과거에는 금반지, 금목걸이 등의 장신구 형태로 가지고 있다가 생활비가 급할 때 현금으로 바꾸는 용도로 많이 활용되었다면, 최근에는 금값의 움직임에 따라 수익률이 결정되는 금융상품으로 투자하기도 하고, 예금할 때 금시세에 따라 통장에 금이 적립되는 은행 상품이 있기도 하다. 실물 상품을 직접 소유, 보관하는 투자도 제도권의 범위 안에서 가능한데, 시세에 따라 순도가 보장된 금을 100g이나 500g 등으로 매입할 수도 하다. 금은 경제 상황이 악화되면 수요가 늘어 값이 오르는 특징을 가지고 있는데, 미국과 중국의 무역분쟁, 코로나19 사태의 장기화 등 경제에 악재가 겹치는 동안에는 지속적인 가격 상승의 요인이 있다고 볼 수 있다.

두 번째, 달러화를 투자 대상으로 삼는 방법이다. 환율을 통한 투자는 과거 은행과 같은 금융회사나 가능했고, 일반인들은 해외여행에서 남은 달러화를 명동에 가서 환전하는 수준이었지만, 이제 달러 투자 역시 제도권에서 가능하게 되었다. 은행 예금을 달러로 하는 것도 가능하고, 달러의 움직임에 수익률을 연결시키는 금융상품도 많다. 달러 역시 금융상품으로도 실물투자로도 가능하다.

세 번째, 금이나 달러와 마찬가지로 원유 가격의 움직임에 따라 수익과 손실을 보는 투자 방법이다. 다만 금이나 달러는 실물로 소유할 수 있지만, 원유는 그렇게 하기 어렵다는 점이 다를 뿐이다. 굳이 실물로 투자하려고 한다면 방법은 있다. 과거 자산가들이 사용하던 방법인데 주유소, 저장탱크를 임차하여 휘발유 값이 낮을 때 사서 가격이 오르면 인근 주유소에 판매하는 것이다. 해외의 경우 베네수엘라는 산유국답게 휘발유 값이 거의 무료에 가까운데, 이 점을 이용하여 중국의 자본가들이 큰 배를 빌려서 베네수엘라의 원유나 휘발유를 싣고 바다에 띄워놓은 다음 국제원유 가격이 오르기를 기다리는 경우도 있었다. 이런 방법은 예외적이라 할 수 있으니 논외로 하고, 원유의 움직임을 따라가는 금융상품이 있다는 정도만 참고하기 바란다.

네 번째, 스니커테크다. 운동화(스니커즈)와 재테크가 합쳐진 단어다. 한정판 운동화를 사서 나중에 리셀링(되팔기)하는 것을 가리키는데, 남이 가지고 있던 운동화를, 그것도 중고를 왜 더 비싼 값에 살까 하는 생각이 들 수도 있다. 스니커테크는 각 제조사의 한정판 제품이 일반적인 인식과 달리 매우 높은 값에 거래되기에 가능하다. 참고로 스니커테크의 경우 우리나라 리셀러들의 주요 고객은 중국 수집가들이라고 한다. 운동화 외에도 샤넬 가방을 이용한 샤테크도 있다. 샤넬은 클래식 가방부터 최근 출시된 가방까지 그 가치가 떨어지지 않고 오히려 상승하는 경우가 많아 패션과 명품에 안목 있는 사람이면 이를 이용해 충분히 많은 수익을 얻을 수 있는 투자 방법이기도 하다.

재테크의 최종 목적이 자산 증식에 있다는 점을 고려하면 전통적인 주식, 채권, 부동산에 더해 대체투자라 할 수 있는 몇 가지 방법도 좋은 수단이 될 수 있다. 검은 고양이든 흰 고양이든 쥐를 잘 잡으면 되니까 말이다.

　대체투자는 아직 생소하다. 하지만 생소하다는 것이 나쁘다는 것을 의미하지는 않으니 관심을 가지고 포트폴리오 구성 차원에서 접근해 보면 좋을 듯하다.

대체투자,
어떻게 해야 할까?

금 투자

대체투자가 무엇인지 알아봤으니, 각각의 투자 방법도 알아봐
야 한다. 먼저 금 투자는 현물로서의 금에 직접 투자하는 방법과 지
수로서의 금값에 간접 투자하는 방법으로 나뉜다. 투자 방법에 관
계없이 금은 그 자체로 대표적인 안전자산의 성격을 가지고 있기에
경제가 어려워지면 오히려 수요가 몰려 값이 오르는 특징을 보인
다. 금에 투자하는 것은 세금과 수수료를 감안하여 최소 15% 이상
은 상승해야 수익이 가능하기에 어떤 종류의 상품에 투자하느냐와

는 상관없이 상품을 선택할 때 향후 금 가격이 상승할 것이냐를 미리 따져봐야 한다.

금은 달러나 엔화와 함께 대표적인 안전자산으로 꼽힌다. 즉 경제 상황의 불확실성이 증가하거나 코로나19 사태처럼 전 세계의 경기가 불황을 겪으면 안전한 투자와 자산 가치 보호를 위해 선택하는 투자 상품이다. 각 국가가 화폐를 발행함에도 따로 금괴를 보관하는 이유 또한 국가가 발행한 화폐의 가치는 떨어질 수 있지만 금은 항상 일정한 가치를 유지한다는 믿음 때문이다.

금값은 역설적으로 경제가 어려워질 때 오르는 경향이 있다. 이 점을 고려한다면 경제가 좋으면 금값이 낮게 형성되어 매입에 좋은 시점이고, 경제가 어려워질 땐 금값이 올라 매도에 좋은 시점이라고 할 수 있다. 경제 상황과 반대로 금값이 움직인다고 가정하면 금을 매입하거나 투자하기 좋은 시기는 경제가 활황기일 때이고, 금을 현금화하기에 좋은 시기는 경제가 불황기일 때라고 할 수 있다.

물론 금값은 경제 상황에만 영향을 받지 않는다. 그 외에도 금값을 결정하는 요인은 많다. 특히 달러화가치가 금값에 영향을 미친다. 국제 금값은 달러화로 표시되기 때문에 달러가치의 변동에 따라 금값이 달라진다. 달러화가 강세인 경우는 같은 1g의 금이라도 값이 내려간다. 달러화의 구매력이 커졌기 때문에 금값이 하락하는 것이다. 반대로 달러화가 약세라면 다른 요인이 없더라도 금값은 올라간다. 또한 수요-공급의 원리도 금값에 영향을 미친다. 금의 주요 수요처인 미국과 중국의 움직임에 따라 금값은 변동한다.

그럼 금 투자는 구체적으로 어떻게 하는지 알아보자.

1) 골드뱅킹

골드뱅킹이란 원화를 입금하면 국제 금시세 및 원달러 환율을 적용하여 금으로 적립한 후 고객이 출금 요청 시 국제 금시세 및 환율로 환산한 원화로 지급해 주는 금 적립계좌다. 예를 들어 금값이 1g에 5만 원이라 했을 때 골드뱅킹에 5만 원을 입금하면 통장에는 금 1g 적립으로 처리된다. 나중에 금값이 올라 1g당 10만 원이 된다면 통장에 있는 1g의 금은 인출할 때 10만 원이 적용된다. 금을 통장에 보관만 하고 있어도 금값 상승에 따라 수익을 얻을 수 있는 것이다.

물론 반대의 경우도 있을 수 있다. 금값이 하락하면 하락하는 비율만큼 골드뱅킹에서도 손실을 입을 수 있다. 골드뱅킹을 통해 금에 투자하는 것은 금 현물에 투자하는 것과 같기 때문에 결국 금값의 움직임에 따라 직접적인 영향을 받는다. 골드뱅킹의 장점은 0.01g 단위로 거래가 가능하여 소액 투자도 가능하다는 점과 금을 은행에 보관하는 방식이기 때문에 도난의 위험이 없다는 점이다.

2) KRX 한국거래소

KRX 한국거래소(www.krx.co.kr)를 통해서도 금을 거래할 수 있다. 이는 여러 가지 장점이 있는데, 금을 주식처럼 거래할 수 있으며, 한국조폐공사가 금의 순도(99.99%)를 보증하여 믿을 수 있다는 것이다.

금을 1g 단위로 거래할 수 있어 소액으로도 투자가 가능하며 적립식으로도 가능하다. KRX로 거래한 금은 한국예탁결제원을 통해 실물로 인출할 수도 있다. 이 경우 골드바(금괴)로 지급된다. 골드바는 100g 혹은 1kg 단위로 인출 가능하다. 인출 시에는 수수료(골드바 1개당 2만 원 내외)와 부가가치세(10%)가 부과된다. 단점은 이러한 서비스가 무료는 아니라는 점이다. 매매, 출고, 보관 등 각 거래 단계마다 수수료가 조금씩 붙고 금 거래를 통한 매매차익에 대해서는 비과세되지만 금을 출고할 땐 10%의 부가가치세가 붙는다.

3) 골드바와 금은방

금을 직접 가지고 있는 것도 금에 투자하는 방법이다. 골드바 형태가 대표적인데 한국조폐공사, 우체국, 은행 등에서 직접 구입할 수 있다. 골드바로 현물 보관하는 것도 투자 방법이지만, 추천할 만한 방법은 아니다. 보관이 어렵고, 매입할 때 10%의 부가가치세와 5% 내외의 거래수수료가 붙기 때문이다. 통장에 숫자로 찍힌 금액을 보는 것에 비해 시각적인 만족감과 심리적인 만족감을 얻기에는 좋은 방법이지만, 도난에 대한 불안감이 더 클 수도 있다. 여기에 더해 매입은 쉽지만 매도하여 현금화하려면 금거래소나 금은방을 직접 방문해야 한다는 번거로움도 있다. 그럼에도 본인의 소득을 노출하기 꺼리는 경우 골드바를 많이 이용한다. 골드바 형태로 가지고 있으면 부동산과 달리 보유에 대한 별도 세금이 붙지 않고 소득세도 붙지 않기 때문이다.

금괴가 부담스럽다면 목걸이, 귀걸이 등 장신구 형태로 가지고 있는 것도 투자 방법이다. 손쉽게 접근할 수 있고 장신구로 이용할 수 있다는 장점이 있지만, 골드바와 마찬가지로 10%의 부가가치세가 붙고 금값 이외에 제작 비용이 붙는다는 단점이 있다. 금은방에서 무료로 금세척을 해줄 때 미세하게 금 손실이 발생한다는 점도 고려해야 한다.

4) 금펀드

금 관련한 펀드에 투자하는 것도 방법이다. 투자 방법은 일반 펀드와 같으며 투자대상으로는 금 관련한 기업에 집중된다. 금값이 오르면 금 관련 기업의 주식 가격이 오르니 수익을 볼 수 있을 것으로 기대해 볼 수 있다. 하지만 금값 상승이 금펀드의 수익률 상승과 직결되지는 않는다는 점이 문제다. 금값의 고공행진에도 금펀드의 수익률이 부진한 경우도 있다. 물론 반대의 경우도 있다. 금값은 하락해도 금펀드의 수익률이 상승하기도 한다. 이유는 간단하다. 금펀드는 금 관련 회사에도 투자하기 때문이다. 즉 금값에 간접적인 영향을 받기 때문에 금값 등락에 관계없이 수익을 기록한다. 금값이 오르면 금 관련 회사에 대한 기대도 커지기 때문에 금펀드의 수익률이 개선되는 경우가 대부분이다.

예를 들어보자. 금펀드 중에서 'IBK골드마이닝' 펀드와 '블랙록 월드골드' 펀드가 있다. 이들 펀드는 금에 투자하는 것이 아닌 프랑코네바다, 뉴몬트코퍼레이션, 바릭골드, 뉴크레스트마이닝 등 세계 금광업 분야의 회사 주식에 투자한다. 금값이 오르면 이들 회사의 수익성이 좋아질 것이라는 기대가 생겨 주가가 상승할 수도 있지만, 각 회사의 개별 사정에 따라 주식값이 낮아질 수도 있다. 반대의 경우도 가능하다. 금값이 떨어짐에도 개별 회사의 재무구조가 좋아진다거나 신상품을 개발해서 주가가 오를 수도 있다.

핵심은 금펀드가 무조건 금값의 영향을 받지 않는 경우도 있다는 점이다. 여기에 더해 금펀드는 환율 요인도 감안해야 한다. 해외의 금 관련 회사에 투자하는 경우가 특히 그러한데, 해당 회사의 주식이 달러화로 거래되는 경우, 달러화를 다시 원화로 바꾸어 환매할 때 환율의 움직임에 따라 수익 또는 손실을 볼 수도 있다.

세상이 그리 간단하지는 않다. 주식값이 올라도 환율 때문에 손해볼 수도 있고, 반대로 주식값은 하락했는데 환율이 도와줘서 수익을 볼 수도 있으니 말이다.

5) ETF / ETN

ETF란 코스피나 금값처럼 특정 자산의 움직임에 따라 수익률이 연결되도록 설계된 상품으로 거래소에 상장되기 때문에 주식처럼 거래할 수 있는 상품이다(ETF에 대해서는 4장 '인플레이션 시대의 주식'에서 설명했다). 금 ETF는 투자 대상이 금이라는 점이 특징이다. KODEX골드선물은 금값의 움직임에 따라 수익률이 직결된다. 금펀드의 경우 금값의 등락이 펀드 수익률에 그대로 직결되는 것은 아니다. 이에 비해 ETF에 투자하면 금값의 흐름이 곧 수익률 증감으로 직결된다.

여기에 더해 인버스, 레버리지가 더해진 금 ETF 상품도 있다. 인버스는 금값과 반대 방향, 레버리지는 금값 움직임의 2배 수익률/손실률로 나타난다. KODEX인버스는 금값이 오르면 손실을 보고 금값이 내려가면 오히려 수익을 본다. 레버리지 상품인 KODEX 골드선물은 금값 움직임의 2배로 수익/손실이 결정된다. 금을 실물로 가지고 있지 않은 상태에서 금값의 움직임에 따라 수익률이 직결되기 때문에 금융상품으로 금 투자를 하는 좋은 방법이라 할 수 있다. 다만 금값의 움직임과는 별개로 환율의 영향이 있다는 점을 감안해야 한다. 금값이 올라 수익률이 오른 경우에도 환율의 등락에 따라 수익률이 변할 수 있다. 금값은 올랐어도 실제로는 손해를 볼 수 있으며, 금값이 오른 데다 환율로 인한 수익까지 더해질 수도 있다.

ETN으로도 금 투자에 접근할 수 있다. ETN이란 Exchange Traded Note의 약자로 상장지수증권 또는 상장지수채권이라 한다. ETN은 ETF와 비교했을 때 상품의 개념과 속성은 상이하지만, 투자자 입장에서는 99% 동일하고 1%만 다르다. 99% 동일하다는 것은 ETF처럼 금 또는 원유와 같은 기초자산의 움직임에 따라 수익률이 결정되고, 1주 단위로도 거래가 가능하다는 뜻이다. 1% 다른 점은 ETN은 채권의 성격을 가지고 있다는 점에서 그렇다. 즉 ETF가 주식의 성격으로 거래소에서 거래 가능한 것에 비해 ETN은 증권사가 자신의 신용으로 발행하는 채권이다. 지수의 움직임에 따라 증권사가 그만큼 투자자에게 수익을 지급하는 상품이기 때문에 최악의 경우 증권사가 파산하면 ETN에 투자한 금액 전액을 손

ETN과 ETF 비교

구분		ETN Exchang Traded Note	ETF Exchange Traded Fund
정의		증권회사가 자기신용으로 지수수익률을 보장하는 만기가 있는 파생결합증권	운용사가 자산운용을 통하여 지수수익률을 추적하는 만기가 없는 집합투자증권(펀드)
발행자	주체	증권회사	자산운용사
	신용위험	있음	없음
기초지수	구성 종목수	5종목 이상	10종목 이상
	자산운용제한	없음(운용재량)	있음(운용제약)

출처: 한국거래소

실할 수도 있다. ETN에 대해 상장지수증권 또는 상장지수채권이라 부르는 이유가 여기 있다. 기본적인 성격은 거래소를 통해 거래 가능한 증권의 성격을 가지고 있지만 엄밀히 따지면 채권 상품이기 때문이다.

각 증권사에서는 금값의 움직임에 대해 수익률이 1:1로 대응되거나(금선물ETN), 2배로 대응(레버리지 금선물)' 또는 −2배(인버스 2X 금선물)로 대응되는 상품을 출시해 놓았다. 금값의 향후 움직임이 상승일지, 하락일지 투자자의 판단에 따라 이에 대응되는 상품들이다.

재테크 포트폴리오를 구성할 때 금에 대한 투자는 수익률 방어를 위해 일부의 비중만 차지하도록 해야 한다. 금 투자에 대부분의 투자 자산을 집중하면 높은 변동성으로 인해 손실을 볼 가능성이 높기 때문이다. 경제가 어려워지면 금의 수요가 증가하고 값이 올라간다는 것은 반대로 해석하면 경제가 호황이고 금 수요가 증가하면 금값이 떨어진다는 말이다. 금값은 변동성이 크고 원금의 개념도 없다. 2020년 상반기에 코로나19 사태로 국제원유 가격이 마이너스가 되기도 했다는 점을 고려하면, 희박한 확률이지만 금값 역시 그러지 않으리라는 보장이 없다. 따라서 금값의 변동성은 득이 될 수도, 독이 될 수도 있다는 점에 유의해야 한다.

여기에 더해 금 투자 시 발생하는 각종 비용도 고려해야 한다.

실물로 거래하고 인도받을 때 부가가치세 10%가 기본으로 붙는다는 것은 다른 말로 하면 금시세가 적어도 10% 이상 올라야 매도 시 손해를 피할 수 있다는 뜻이다. 여기에 목걸이, 귀걸이 등으로 금을 소유할 경우 세공비 등 기타 수수료도 감안해야 한다. 금융상품으로 거래하는 경우에도 배당수수료 등 세금과 수수료 등이 발생한다. 따라서 현물과 금융상품으로서의 금 투자는 적어도 시세가 15% 이상은 올라야 수익이 가능하다는 점을 감안하자.

달러 투자

달러는 세계 경제의 기축통화로 전 세계 어디서나 사용할 수 있다. 심지어 북한에서도 달러화가 사용 가능하다고 하니 달러화의 위력이 대단하다는 것은 부정할 수 없다. 달러화는 경제위기 시에는 안전자산으로 수요가 증가하기도 한다.

달러는 미국 경제가 좋지 않을 때 양적완화, 초저금리 등의 방식으로 거의 제한을 두지 않고 발행 유통함에도 일정한 가치를 계속 유지한다. 수요와 공급의 원리를 생각해 볼 때 미국이 달러화를 마구 찍어내면 그 가치가 떨어져야 하는데, 일정한 가치를 유지할 수 있는 비결은 전 세계 각국이 항상 달러화를 보유하려는 수요가 있기 때문이다. 심지어 무역 마찰 등으로 갈등을 겪고 있는 중국조차도 미국이 발행한 채권을 세계에서 두 번째로 많이 보유하고 있다. 이 사실만 보더라도 달러의 수요는 전 세계적이고 지속적임을 알 수 있다. 2022년 7월 말 기준 일본이 1조 2,343억 달러의 미국 국채를 보유하고 있으며, 중국은 9,700억 달러를 보유하여 세계에서 두 번째로 많은 달러화를 보유하고 있다. 우리나라는 대략 1,123억 달러 규모의 미국 국채를 보유 중이다(출처: 미국 연방준비제도 2022년 10월 보고서).

달러화는 웬만해선 그 가치를 잃지 않는다는 점 때문에 달러에 대한 투자 수요가 생긴다고 볼 수 있다. 예를 들어 달러당 원화가치가 1,100원일 때 100달러를 사두었는데, 1개월 후 달러당 1,200원이 된다면 100원×100달러로 치면 약 1만 원의 수익이 생긴다. 만약 1만 달러를 사두었다면 수익이 100만 원이 된 셈이니 적지 않은 금액이다. 이를 환차익이라고 하는데, 달러 투자는 이렇게 환차익을 통해 얻는 방법도 있고, 달러화를 기초자산으로 한 파생상품에 투자하여 이익을 얻는 방법도 있다.

앞서 보았던 금 투자가 직접투자와 간접투자로 나뉘듯, 달러도 그와 비슷하게 직접투자와 간접투자로 나뉜다.

1) 달러 현금 보유

달러를 현금으로 보유하는 방법을 통해 달러에 투자할 수 있다. 해외여행을 할 때 환전한 달러를 그대로 가지고 있는 방법도 있고,

명동의 사설환전소를 찾아가 원화를 달러화로 바꿀 수도 있다. 물론 은행에서 달러화로 바꿀 수도 있지만, 은행에서 소유 목적으로 환전하는 경우 환전 금액이 건당 미화 1만 달러(원화로 대략 1,000만 원~1,200만 원)를 초과하는 경우 세관에 신고해야 하고, 국세청에 통보된다는 점을 감안해야 한다.

달러를 현금으로 보유하는 것은 달러 투자의 방법이긴 하지만 실익은 크지 않다. 원화를 달러화로 바꿀 때 환전수수료가 발생하고, 달러가치가 상승해서 원화로 바꿀 때도 환전수수료가 발생하기 때문이다. 환전수수료를 절감하기 위해 사설환전소를 이용하거나 은행 모바일앱을 통해 환전우대 수수료를 적용받는다 해도 살 때와 팔 때 이중으로 발생하는 수수료는 피할 수 없다. 보유하는 데 따른 세금은 없다 해도 수수료 지출로 수익이 줄어드는 것을 감안하면 달러를 현금으로 보유하는 것은 번거롭기만 하고 실제 이익은 크지 않다.

2) 달러예금

달러예금은 골드뱅킹과 매우 유사하다. 골드뱅킹이 원화를 입금하고 그 액수만큼 금을 통장에 넣어주는 것처럼, 달러예금은 원화를 입금하면 환율을 적용하여 달러를 통장에 넣어주는 방식이다. 차이가 있다면 골드뱅킹은 이자도 없고 예금자보호도 받을 수 없는 반면, 달러예금은 이자를 받을 수 있고 예금자보호법이 적용되어

5,000만 원까지 원금과 이자를 보호받을 수 있다는 점이다.

달러예금의 장점은 이자 수익과 더불어 달러화 가치의 상승에 따른 수익도 기대해 볼 수 있다는 점이다. 달러당 1,100원일 때 1,000달러를 달러예금에 넣고 1년이 지났을 때 달러당 1,200원이 되었다고 해보자. 이자 수익은 대략 20달러 내외가 되고 환차익은 달러당 100원이니, 이자 2만 4,000원에 환차익 10만 원을 얻어 총 수익은 12만 4,000원이 된다. 원화 정기예금을 들었더라면 이자 수익 2만 2,000원에 그쳤을 테니 달러예금이 같은 값으로 더 큰 수익을 얻는 결과를 낼 수 있다(물론 달러가치가 올랐을 경우다). 게다가 환차익에 대해서는 별도의 소득세가 붙지 않기 때문에 절세 효과도 얻을 수 있다.

다만 이렇게 항상 달러예금이 이익을 보장해 주는 것은 아니다. 만약 달러당 1,200원인 상태에서 달러예금을 하여 1,100원으로 하락하는 경우 환차손(환율을 통한 손실)이 발생하여 원금 손실이 발생할 수 있다. 반복해서 강조하지만, 환율은 예측하기 어렵기 때문에 쉽게 생각해서는 안 된다.

외화예금의 종류로는 수시 입출금이 가능한 외화입출금 상품, 적금처럼 할 수 있는 외화적금 상품, 그리고 목돈을 한꺼번에 넣어 두는 외화정기예금이 있다. 개인의 상황과 성향에 따라 선택하면 된다.

3) 달러 ELS

달러 ELS는 상품의 결제화폐가 달러로 이루어지는 달러결제 ELS 상품을 뜻한다. 예를 들어 'KB able ELS 제1163호' 상품이 2020년 2월 말에 발행되어 2023년 3월에 만기 예정이라고 해보자. 이 상품은 기초자산을 삼성전자, 중국항셍지수, 유로스탁50지수 이렇게 3개로 설정하고 최초 기준 가격에서 만기 시까지 25% 밑으로 하락하지 않으면 연 6.6%의 수익을 지급하는 상품이다. 기초자산이 45% 이상 하락하면 최대 100%까지 손실이 발생하는 원금비보장형 초고위험 상품이기도 한데, 해당 상품은 달러화로 투자된다. 최상의 경우는 기초자산이 하락하지 않아 연 6.6%의 수익을 얻으면서 동시에 달러화의 변동으로 추가 이익을 얻는 경우라 할 수 있다. 즉 1달러당 1,100원에 시작했는데 수익을 얻는 시점에서는 1달러당 1,200원이 된다면 ELS 자체의 수익과 함께 환율에 의한 환차익도 가능한 것이다. 물론 반대의 경우라면 최악의 결과를 얻을 수도 있다.

달러 ELS는 기초자산의 움직임과 달러의 움직임이라는 두 개의 움직임을 통해 수익과 손실의 가능성을 가진다. 보통의 경우 달러 ELS는 기초자산의 움직임으로는 수익을 얻어도 환율의 움직임으로 손해를 보게 되어 전체적으로 손해를 보는 경우가 많다. 이 점을 참고해서 신중하게 달러 ELS에 접근해야 한다. 달러가 강할 때 들어간다면 3개월, 6개월 후에 달러가 더 강해져야 수익을 얻을 수 있으므로 신중해야 한다. 환율은 결코 예측 가능한 영역이 아니기에 투자자가 원하는 대로 환율이 움직여주지 않는다는 사실을 명심하자.

4) 달러 ETF / ETN

달러의 움직임을 기초로 수익이 결정되는 ETF와 ETN 상품이 있다. ETF와 ETN은 정해진 지수 또는 상품의 움직임에 따른다는 공통점이 있지만, ETF의 경우 기초자산을 추종하기 위해 포트폴리오에 직접 투자하여 기초자산의 움직임을 추종하는데 비해, ETN은 증권사가 채권의 형태로 발행하는 상품이라는 점에서 다르다. 즉 ETN은 포트폴리오에 직접 투자하지 않고 증권사가 기초자산의 움직임에 따라 채권을 발행하는 것뿐이다. 다시 말해, ETN은 실물자산을 직접 소유하지 않고 신용거래를 하는 것이다.

중요한 것은 달러 ETF와 ETN이 달러의 움직임에 따라 수익이 결정된다는 점이다. 여기에도 인버스가 있고 레버리지가 있다. 예를 들어 KODEX미국달러선물레버리지의 경우 '달러의 움직임×2'가 수익(손실)이 된다. 즉 달러가 10% 상승하면 수익은 20%, 10% 하락하면 손실이 20%가 된다. KOSEF미국달러선물인버스는 달러의 움직임과 1:1로 매칭되어 반대로 수익이 나도록 설계된 ETF 상품이다. 달러가 오르면 그만큼 손실이 발생하고, 달러가 내리면 수익이 발생한다.

달러 투자에서 가장 위험한 요소는 바로 환율의 움직임이다. 이 움직임은 절대 예측이 불가하다. 일반적으로 경제 상황이 어려워지면 안전자산인 미국 달러화에 대한 수요가 늘어나 달러화는 강세를 보이지만, 경제 상황이 어려워지면 미국은 기준금리를 낮춰 대규모로 달러를 공급한다. 이 경우 달러 공급이 많아져 달러화는 약세 전환될 가능성이 높아지기도 한다. 같은 경제 상황이라 해도 달러는 상승할 이유, 하락할 이유가 동시에 작용하기도 한다.

환율을 예측하는 것의 위험성이 바로 여기에 있다. 미국과 중국이 무역 분쟁을 일으킨다거나 코로나19로 인해 미국 경제가 위축된다거나 하는 정보를 통해 환율을 예측하는 것이 불가능한 것은 아니지만, 그 예측이 들어맞을 가능성은 아무도 알 수 없다. 따라서 달러를 100% 기초자산으로 하거나 재테크의 주요 자산으로 편입하는 것은 위험할 수 있다. 금 투자와 마찬가지로 포트폴리오에서 수익률 하락에 대비하거나 감당할 수 있을 정도의 금액만 투자하는 자세가 필요하다.

국제유가 투자

국제유가 투자는 말 그대로 원유의 가격을 기초로 하는 투자를 가리킨다. 투자 방법은 크게 금융적인 방법과 실물투자 방법이 있는데, 개인 투자자들의 경우에는 금융적인 방법을 이용하는 것이 일반적이다. 금융적인 방법은 ETF 또는 ETN을 이용하여 국제유가의 흐름을 수익률에 연계시키는 방법이 있고, 국제유가 관련 펀드에 투자하여 원유를 비롯하여 석유 관련 산업의 주식에 투자하는 방법이 있다.

실물투자 방법은 원유 또는 휘발유를 저장했다가 값이 오르면 실물로 판매하여 수익을 얻는 방법인데, 앞서 대체투자 개요에서 언급했듯이, 일반 개인이 접근하기에는 현실적인 어려움이 많다.

국제원유 가격은 수많은 변수를 고려해야 한다. 단순히 수요-공급의 법칙으로 설명되지 않기 때문이다. 산유국 개별 국가의 경제 상황은 물론이고 산유국들 간의 정치적인 상황도 고려해야 한다. 여기에 더해 석유의 대체품인 셰일가스 역시 고려해야 한다. 셰일가스의 가격이 대략 배럴당 30~50달러 사이에 형성되고 있기 때문에 석유 가격이 그보다 높기 힘들다.

가끔 산유국들이 셰일가스 업계를 공격하려 할 때 셰일가스 대비 반값으로 가격을 내리는 경우도 있다. 이런 시기에 국제원유 ETF, ETN에 투자했다면 손실의 가능성이 높을 수밖에 없다. 검은 황금이라는 석유는 투자에서 황금 역할을 할 수도 있지만, 그 반대로 손실만 안겨줄 수도 있다. 석유 가격을 예측하는 것은 환율 예측만큼이나 매우 어렵다. 포트폴리오 차원에서 실물투자한다는 마음가짐으로 접근하는 것을 추천한다.

국제유가는 수요와 공급이 실시간으로 이루어지는 시장이며, 심지어 그 변화가 극적이기까지 하다. 수요는 국제경제의 상황이 반영되며, 공급에는 미국과 산유국 간 치열한 신경전의 결과가 포함된다. 또한 셰일가스라는 석유 대체재가 있기 때문에 그 움직임에 따라 실적 상승과 하락으로 이어지기도 한다. 국제유가의 흐름은 상당히 얽혀 있는 실타래 같다.

투자자 입장에서는 앞으로 국제유가가 오를까 내릴까 판단해야 하는데, 환율의 움직임만큼이나 알 수 없는 것이 바로 국제유가의 흐름이다. 수요와 공급이 단순한 경제 논리에 그치는 것이 아니라, 국제관계와 국가 간 자존심 싸움까지 얽혀 있기 때문이다. 그럼에도 투자 대상으로서의 국제유가는 참으로 흥미로우면서도 매력적이다. 심지어 실물자산의 가격이 마이너스로 떨어지기도 하기 때문이다. 2008년 봄, 국제유가는 배럴당 120달러까지 오르기도 했다. 그런데 그렇게 귀하던 석유가 2020년 코로나19 사태 때는 마이너스가 되기도 했으니, 앞으로 어떤 가격 흐름을 보일지 관심이 갈 수밖에 없다.

국제유가의 흐름은 우리의 실생활에도 직결된다. 각 주유소의 휘발유, 경유 가격이 국제유가에 연동돼 있기 때문이다. 우리 실생활에도 연결된 국제유가에 대한 투자 방법으로 어떤 것이 있는지 살펴보자.

1) ETF 투자

가장 쉽게 접근할 수 있는 방법이 바로 ETF 투자다. ETF 투자는 객관적으로 지수가 산출되거나 금이나 달러처럼 국제적으로 통용될 수 있는 상품이라면 무엇이든 연결 지어 상품으로 만드는 요술지팡이 같다. 국제유가도 ETF 투자가 가능하다. KODEX WTI 원유선물(H) 상품처럼 국제유가의 흐름을 추종하는 ETF 상품에 투자하면 향후 국제유가 상승 시 이에 비례해서 수익을 얻을 수 있다. 상승에 대한 믿음이 매우 강하다면 레버리지 ETF 투자도 생각해 보겠지만, 아쉽게도 현재는 금융투자법상 원유 ETF는 1배만 추종하게 되어 있고, 2배 이상의 레버리지 상품은 만들 수 없게 되어 있다. 단, 인버스 ETF는 가능하다. KODEX WTI 원유선물인버스(H) ETF는 국제유가의 흐름과 1배율로 반대로 가도록 설계되어 있다. 즉 국제유가가 10% 상승하면 인버스 ETF는 10% 손해를 보고, 국제유가 흐름이 10% 하락하면 인버스 ETF는 10%의 수익을 얻는 방식이다. ETF는 현재까지 국제유가의 흐름에 대해 정의 1배수 또는 역의 1배수만 가능하다.

2) ETN 투자

ETN에 대해서는 앞에서 자세히 설명했으니 여기서는 간략하게만 보자. 이미 알고 있듯이, ETN 상품의 수익구조는 ETF와 동일하다. 즉 기초자산의 가격 흐름과 연동되어 수익과 손실이 결정되는 상품이다. 2020년 4월, 코로나19의 여파로 국제유가의 수요가 급감하여 마이너스까지 갔을 때 원유 ETN이 투자 열풍을 넘어 투자 광풍까지 불던 시기가 있었다. 투자자들이 이때 레버리지를 이용하여 향후 국제유가가 회복하면 상승분의 2배 수익을 기대했기 때문이다. 이러한 과열을 진정시키기 위해 원유 레버리지 ETN은 몇 번에 걸쳐 거래 정지되기도 했다.

수요가 갑자기 몰리는 것은 위험할 수도 있다. 심지어 기대했던 것 이하의 수익률을 얻거나 원유 가격이 오른다 해도 손실을 보는 이상한 결과를 얻을 수도 있다. 증권사 물량은 제한되어 있고 투자 수요는 몰리는 상황이 되면, 괴리율이라 불리는 프리미엄이 붙는데 기초자산의 실제 가격보다 프리미엄이 더 붙는 경우도 있을 수 있기 때문이다.

참고로 ETN 투자에 있어 조금 깊이 들어가면 괴리율, 유동성 공급자 등의 용어를 접하게 되는데 낯설게 느껴질 것이다. 아주 짧게 요약해서 설명하자면, '괴리율'이란 ETN 시세와 실제 기초자산의 차이를 가리킨다. ETN 수요가 갑자기 몰리면 상품의 물량이 정해져 있는 상태에서 아파트 분양처럼 프리미엄이 붙는다. 부동산의 프리미엄을 ETN에서는 괴리율이라 부른다고 보면 된다. 즉 괴리율이 크다는 것은 그만큼 프리미엄이 많이 붙었다는 뜻이라고 볼 수 있다.

'유동성공급자'는 제3의 회사로서 괴리율, 즉 프리미엄이 너무

과다하게 붙는 경우 보유한 물량을 풀어 괴리율을 줄이는 역할을 담당한다. 2020년 4월의 국제유가 ETN 광풍 땐 유동성공급자가 물량을 아무리 풀어도 그 수요를 다 감당할 수 없을 정도였다.

3) 국제유가 관련 펀드

ETF, ETN처럼 직접적으로 원유에 투자하는 방법에 더해 펀드를 통해 간접적으로 투자하는 방법도 있다. 특히 원유 가격의 급격한 변동이나 각 산유국 간의 자존심 경쟁으로 위험요인이 발생하는 것이 싫다면 펀드를 통한 투자를 고려해 볼 만하다.

국제유가 관련 펀드는 두 종류로 구분된다. 우선 국제유가 관련 펀드에 투자하는 펀드가 있다. 한화천연자원증권자투자신탁이 이에 해당하는데, 국제유가에 모든 자산을 투자하지 않고 에너지 부분으로 묶어 석유 및 광산, 금속 등 기타 원자재를 묶어서 투자한다. 국제유가의 흐름에 직접 영향받지 않는다는 것이 장점이다. 다만 국제유가가 상승세로 전환되어도 수익으로 직접 연결되지 않는다는 단점도 있다.

또 다른 국제유가 관련 펀드는 석유를 정제하고 유통하는 기업에 투자하는 펀드다. 블랙록월드에너지증권자투자신탁이 이에 해당되는데, 국제유가에 직접 투자하는 것이 아니라 에너지 관련 기업에 투자하는 펀드다. 국제유가 상승이 에너지 기업의 수익성을 개선해서 주가 상승과 연결되리라 기대하는 펀드라 할 수 있다. 국제유가의 흐름이 하락한다 해도 에너지 기업에는 재료비 인하라는 호재로 작용할 수도 있기 때문에 국제유가의 흐름이 직접적인 영향 요소는 아니라고 할 수 있다. 이 점은 앞서 보았던 천연자원 펀드와 동일하다.

앞으로 국제원유 가격이 어떤 흐름을 보일지는 아무도 모른다. 오히려 석유를 생산하고 가공하는 기업이 꾸준한 수익을 통해 지속 적인 수익을 얻게 해줄지도 모른다.

4) 석유 직접 투자

개인 투자자가 접근하기 쉬운 방법은 아니기에 참고만 하는 게 좋은 투자 방법이다. 자금 여력이 되는 경우 앞으로 국제유가가 지 속 상승할 것으로 예상되면 큰 저장고를 하나 빌려 그 안에 휘발유 를 가득 넣고 기다리는 것도 국제유가 관련 투자라 할 수 있다. 실제 2008년 국제유가의 흐름이 배럴당 100달러를 넘었을 때 이런 식 으로 휘발유를 보관하는 자산가들이 많았다. 매도 타이밍을 잘 잡 아 수익을 많이 얻은 투자자도 있었으나, 적절한 매도 타이밍을 잡 지 못해 손해만 본 투자자도 많았다는 점을 참고하기 바란다.

국제유가 투자 시, 가장 첫 번째로 유의할 사항은 국제유가의 흐 름은 언제든 변할 수 있다는 점이다. 2020년 4월에 코로나19 사태 로 국제유가가 배럴당 마이너스 27달러를 기록했다는 놀라운 사실이 반복되지 않으리라는 법이 없다. 국제유가가 마이너스라는 것은 실제 상품을 돈 받고 파는 것이 아닌 돈 주고 처분한다는 뜻인데, 이 사실이 매우 놀랍기는 하지만 이런 일이 다시 생기지 않으리라는 보장이 없다.

이와 유사한 사례로 마이너스 금리를 생각해 보자. 국제경제가 금융위기에 처했을 때 몇몇 나라는 마이너스 금리를 단행했다. 그런데 이제 이런 일이 유럽과 일본에서는 더 이상 놀라운 일이 아니다. 마이너스 유가도 그렇게 될 수 있다. 대체재인 미국 셰일가스 업체의 움직임도 국제유가에 영향을 미친다는 점 또한 참고해야 한다. 과거에 비해 석유 값이 많이 떨어진 것 같으니 앞으로 오를 일만 남았다는 식의 접근은 위험할 수도 있다는 뜻이다.

두 번째 유의사항은 환율이다. 석유 결제가 달러로 이루어지기 때문에 환율의 움직임에 의해 원유가격이 올라도 환율 때문에 손해 볼 수도 있다. 반대의 경우도 가능하기는 하다. 환율 역시 원유와 마찬가지로 수많은 변수에 의해 움직이기 때문에 예측하기에는 무리가 있다. 환매하고자 할 때 원달러 환율이 어떤 흐름을 보이고 있는지를 기초로 판단할 수밖에 없다.

마지막 유의사항은 정부의 규제다. 2020년 9월부터 시행되는 제도에 의하면 레버리지 수익률로 설계되는 국제유가 ETN은 주식시장에서 사실상 퇴출된다. 정부에서 보기에 레버리지 ETN은 건전한 투자가 아닌 단기간의 수익만을 노리는 투기라고 보이기 때문이다. 2023년부터 금융투자 수익에 대해 세금을 부과할 예정이라는 점도 미리 알아두어야 한다. 2020년 7월 기준으로 정부는 수익의 20% 내외를 향후 세금으로 부과할 것으로 예상된다.

'어떻게 하면 앞으로 닥쳐올 어려운 시기를 유연하고 현명하게 헤쳐 나갈 수 있을까?' 이것이 내가 이 책을 쓴 이유다. 앞으로의 경제 상황을 걱정하며 어떻게 살아가야 할지 걱정하는 사람들, 영끌해서 사둔 주식이나 부동산을 어떻게 해야 할지 고민에 빠진 사람들이 주위에 참 많다. 그들을 보고 있자면 내일이라도 당장 인플레이션과 물가 상승이 종료되어 다시 저금리로 돌아가면 좋겠다는 생각이 든다. 적어도 금리가 낮아지면 지금처럼 생존을 걱정하는 일은 없을 테니 말이다.

인플레이션은 지금보다 앞으로가 더 힘들어질 것이다. 내일은 더 좋은 날이 될 수 있으리라는 희망으로 살아가는 우리들에게 내일이 더 고통스럽다는 전망은 절망적이기까지 하다. 아침에 눈을 뜨면 신용카드 결제일과 대출금 빠져나가는 날이 하루 더 가까워졌다는 생각이 먼저 드니 얼마나 까마득한가.

어릴 때는 30대가 되면 집도 있고 차도 있는 여유로운 삶을 살고 있을 거라고 기대했는데, 그 기대는 어디론가 사라지고 하루하루 직장에서 파김치가 되어가고 있는 것이 우리의 현실이다. 성실하게 출근해서 부지런히 일하는데도 늘 돈 걱정이 마르지 않는 직장인들에게 이 책으로 용기를 주고 싶었다.

용기를 가지면 누구나 성공한 투자자가 된다

재테크를 하려면 많은 용기가 필요하다. 어딘가에 돈을 넣었는데 잘 안 돼서 손해를 볼지도 모른다는 불안감을 이겨내야 한다. 넬슨 만델라는 이렇게 말했다.

"용기는 두려움이 없는 상태가 아니라 두려움을 이겨내는 것임을 깨달았다."

넬슨 만델라의 이 말은 물론 재테크를 염두에 두고 한 말은 아니다. 그럼에도 공감이 되고 위로를 얻는 것은 재테크에도 분명 용기가 필요하기 때문이다. 재테크 환경이 좋을 땐 특별한 용기가 필요하지 않다. 주식이나 부동산을 사두면 알아서 오르는데 굳이 고민하고 조심하면서 투자할 필요가 없기 때문이다. 하지만 지금은 인플레이션의 시대. 치솟는 물가에 월급은 그대로인데, 금리는 올라서 대출이자 갚기도 버겁다. 이렇게 미래가 불확실할 때 비로소 용기가 필요하다.

인플레이션은 분명 고통스러운 시간이다. 하지만 이 시기를 재테크에 있어 기초를 단단히 하는 공부의 시작이자 투자의 계기로 삼는다면, 이후 금리가 낮아지고 주가나 부동산이 본격적으로 상승할 때 매우 큰 결실을 얻을 수 있을 것이다. 지금은 더 큰 도약을 위해 잠시 움츠리는 시기라고 생각하며 이 어려운 상황을 이겨냈으면 한다.

인플레이션 시대를 함께 넘을 수 있기를

이쯤에서 나에게는 잊을 수 없는 어린 시절의 일화 하나를 소개하려 한다. 나를 살린 한마디에 대해서다.

어릴 적 우리 집은 목공소를 했는데, 당시 나는 중학교 1학년이었고, 남동생은 초등학교 5학년이었다. 부모님이 일하러 나가시면 나와 동생은 가게에 딸린 방에서 TV를 보면서 하루를 마무리했다. 잊을 수 없는 그날도 그랬다. 부모님은 일 때문에 목공소를 비운 상황이었고 나와 동생은 방 안에서 TV를 보고 있었다. 그런데 갑자기 문 두드리는 소리가 들렸다.

밖을 내다보니 문 밖에 20대쯤으로 보이는 누나들이 서 있었다. 우리가 누나들의 얼굴을 멀뚱히 바라보고 있자, 누나들은 "저기요, 집에 불날 것 같아요"라며 한 곳을 가리켰다. 깜짝 놀라 누나들이 가리킨 곳을 바라보니 가게 한쪽에 있던 석유곤로에서 불이 활활 타오르고 있었다. 아마 라면을 끓여 먹고 나서 제대로 심지를 내리지 않아 불이 붙은 모양이었다. 누나들의 도움으로 다행히 큰 불로 번지지는 않았다.

당시에는 너무 경황이 없던 나머지 누나들에게 "감사합니다!"라는 인사밖에 전하지 못했지만, 지금 생각해 보면 그분들이 나의 생명의 은인이었다. 사실 그냥 지나가도 아무 상관없는 작은 목공소가 아닌가. 그런데 굳이 그 앞에 멈춰 서서 가게 안에 사람이 있는지 살펴보고, 큰 소리로 사람을 불러서 위험 상황을 이야기해 준다는 게 얼마나 고마운 일인가. 조금 과장하자면 그 누나들 덕분에 살아남아서 이렇게 책을 쓰고 있는지도 모른다.

나는 이 책 또한 누군가에게 그런 작은 베풂이 되었으면 좋겠다. 인플레이션이라는 어려운 시기를 잘 통과하는 데 조금이라도 보탬이 된다면 더 바랄 것이 없다.

이 책은 어떻게 보면 서점에서 흔히 볼 수 있는 흔하디흔한 재테크 서적 중 하나일 수도 있다. 그럼에도 내가 이 책을 세상에 내놓을 수 있었던 것은 '누군가의 목숨을 살릴 수도 있다'는 생각으로 진심을 다했기 때문이다. 돈이 없다는 것은 심신을 병들게 하고 삶을 초라하게 만든다. 그런 일이 적어도 이 책을 읽는 독자들에게는 일어나지 않기를 바라는 마음으로 책을 썼다.

사실 나 역시 부족한 점이 많은 사람이다. 문득 누군가에게 무언가를 가르칠 자격이 될까 돌아보기도 한다. 하지만 어디로 가야 할지 몰라 방황하는 사람들에게, 아득한 절망 앞에서 주저앉아 있는 사람들에게 아주 작은, 아주 사소한 도움이라도 되고 싶다는 마음으로 지금껏 다양하게 보고 깊이 있게 공부하려 애썼다는 점만은 말해두고 싶다.

인플레이션이라는 이토록 고달프고 어려운 상황, 모든 이들이 이 파고를 잘 넘어 안도의 숨을 내쉬는 날이 오길 바란다.

인플레이션 시대 월급쟁이 재테크

초판 1쇄 발행 2023년 2월 15일

지은이 우용표
펴낸이 정덕식, 김재현
펴낸곳 (주)센시오

출판등록 2009년 10월 14일 제300-2009-126호
주소 서울특별시 마포구 성암로 189, 1711호
전화 02-734-0981
팩스 02-333-0081
전자우편 sensio@sensiobook.com

편집 최은영
디자인 섬세한 곰

ISBN 979-11-6657-092-6 03320

소중한 원고를 기다립니다. sensio@sensiobook.com